朝9時10分までに しっかり儲ける 板読み投資術

こころトレード研究所所長
坂本慎太郎
（Bコミ）

東洋経済新報社

はじめに

私はいま、「板読み投資」を中心に、個人投資家の方々に短期トレードの奥義を伝授しています。投資スクールを開校する前は、株の世界にどっぷりつかっていました。

証券会社の株式のディーラーとして、個人投資家では経験できないほどの膨大な短期トレードを積み上げることができました。大手生保では、株と債券のファンドマネージャーとして、長期的な視点での投資手法を身につけることができました。

本書では、私の経験をもとにした「板読み投資術」を、株式投資の勝率を上げたい、目標金額を達成したいと望んでいる、個人投資家のあなたにご紹介したいと思います。

「板」とは「板情報」のことで、値段ごとに「売り」「買い」の注文数が表示されたものです。しかも、投資家からの注文が瞬時に反映されますので、銘柄の需給状況がタイムリーにわかります。ネット証券が提供しているトレーディングツールに掲載されていますので、すでにご存じかもしれません。

短期トレードを行っている人にとっては、板情報の読み方さえ理解すれば、他のテクニカル指標の見方など知らなくてもいいといっても過言ではありません。

本書では、板の基本から、板読み力を高める練習方法、板読み投資に適した銘柄の見つけ方、具体的な買い方・売り方、リスク管理法、板読み投資の実践テクニックなど、私の投資テクニックをあますことなくご紹介します。

そして、投資家にとってテクニックよりも大切なメンタルについても、私の経験をもとにお話しさせていただきます。

板読み投資は、もちろん短期トレードが中心になりますが、中長期で保有する個人投資家でもできる投資術も解説します。

朝9時から10分間だけ勝負する投資術です。

株式市場の前場が開く午前9時から投資を始めて、10分後には利益確定、もしくは撤退する方法ですので、会社勤めをしているサラリーマンでもできるデイトレード術です。仕事をしているサラリーマンにとっては、まさにうってつけです。

しかも、この朝の寄付きを狙う投資は、個人投資家にとっては、勝率が高くなる時間帯での勝負となります。

1日だけではわずかな儲けですが、月20日間のトレードで10万円、20万円を稼ぐようになれます。

月収100万円も夢ではありません。

もちろん、そのためには、技術の習得が必要です。

株式投資は運では勝てません。

これから解説する「板読み投資術」を成功させる近道は、練習や実際のトレードを繰り返すことです。

プロのディーラーも、もちろん私も、初めからスキルがあったわけではありません。

板読み投資の練習と実践を繰り返すことで、きっとあなたも、目標とする金額を手にできるようになれます。

目次

第1章 CHAPTER 01 年収1億円ディーラーの投資術

第2章 CHAPTER 02 板読みの基本の基本

第3章 CHAPTER 03

板読み投資の基本テクニック

第4章 CHAPTER 04 銘柄選びの基本テクニック

第5章 CHAPTER 05

板読み投資の実践テクニック

第6章 CHAPTER 06

最後はメンタル
——テクニックよりも大切なこと

＊本書は株式投資をする際の参考となる情報提供を目的に、著者が自らの経験および独自に調査した結果に基づき執筆したものですが、確実な利益を保証するものではありません。投資に関する最終決定は必ずご自身の判断で行ってください。

第1章
CHAPTER 01

年収1億円ディーラーの投資術

軍資金200万円で株式投資に参戦

株に興味を持つ幼稚園児

私が初めて株式に興味を持ったのは、幼稚園児のころでした。

「そんなわけね〜だろ〜」

って思う人も多いでしょうが、事実です。なんとも、おませな幼稚園児でしょ。

株式投資に興味を持ったきっかけは、家にあった新聞です。当時、公文教育研究会に通っていた私は、文字に興味があり、その新聞を何気なく見ていました。そして、1枚ずつめくっていったとき、「なんだ、これ?」という紙面にぶつかったのです。

数字だらけ。

この本を手に取ってくださっている方なら、恐らくおわかりですよね。そう、株式欄だったのです。日本経済新聞じゃなくて、たぶん朝日新聞。まあ、どうでもいいのですが。

私の両親は、株式など一度も持ったことはなく、親戚筋をたどっていっても、株式投資で一財産を築いた人は誰もいません。なので、私が突然変異体だったのかも知れません。いまにして思えば、ですけれども。

だから、株式欄に興味を持ったのは本当に偶然ですし、なぜそれに魅せられたのか、いまもわかりません。ただ、その数字だらけの紙面を見た日から、なんとなく、ぼんやりと毎日、株式欄に目を通す日が続きました。

ファミコンゲームで株の仕組みを覚える

株式投資に、より興味を持つようになったのは、小学3年生のときです。当時、任天堂のファミコンゲームのソフトに、株式投資ゲームがあったのです。監修者は、もう亡くなられていますが、確か株式評論家の松本亨さんだったと記憶しています。

松本亭さん。往年の株式投資家にはずいぶんと懐かしい名前だと思います。株式評論家であり、日刊投資新聞社という株式業界紙の社主でした。野村證券に近い筋などといわれ、野村證券の推奨銘柄を、自分が経営している新聞に、デカデカと書き立てたりしていました。1994年に上場したJT株を大量に買って話題になったものの、経営していた新聞社の経営が大きく傾き、失意のなかで亡くなられました。


ただ、このゲームには、本当にはまりました。

このゲームで架空の株式売買を繰り返しているうちに、信用取引の仕組みまで覚えました。

「へ〜、信用取引を使えば、自分の持ち金以上の取引ができるんだ。すげ〜な〜」

と、かなり興奮したことを覚えています。

昭和のバブルに突入する直前くらいのことです。


そして、1980年代後半のバブル経済。小学6年生のころには、チャートを付けていました。自分で付けたチャートを見て、「うわ〜、日経平均って、すげえ高いんだな」なんて思ったりもしていました。

口座を開設し株式投資デビュー

中学校と高校は、株式投資への関心が薄らいでいた時期です。どちらかというと、バンドやテニスに夢中で、その意味では普通の中学生、高校生でした。

再び株式投資に関心を示すようになったのは、大学生になってからです。

私は、九州から東京に出てきたので、親に仕送りしてもらっていたのですが、それでは足りず、アルバイトに精を出していました。

でも、アルバイトの内容が単純作業ばかりで面白くない。どうしようかな〜、などと思っていたとき、ふと頭に浮かんだのが株式投資だったのです。

もう20歳になっていたので、証券会社に口座を作れるはず。そう考えて、タネ銭作りに精を出しました。確か、競馬とパチンコで１００万円、カレー屋の深夜バイトで１００万円の合計２００万円をひねり出し、株式市場に参加したのです。

当時は、まだインターネット証券がありませんでしたから、対面営業の証券会社に口座を開きました。ただ、その後すぐにネット証券ができたので、マネックス証券に乗り換えました。以来、いまに至るまで、個人の株式取引は、主にマネックス証券を使っています。

始めたばかりのころは、いまのように「板読み」で超短期トレードを繰り返すという手法ではなく、どちらかというと、1か月から3か月くらいで回転させていくやり方でした。爆発的に儲かることはありませんでしたが、始めたタイミングがちょうどＩＴバブルの真ん中から最後にかけてだったので、資産が徐々に殖えていきました。

最初に買った銘柄は三井鉱山（現・日本コークス工業）です。低位株だったので、安い株価で仕込むことができました。何しろ軍資金は200万円でしたから、いきなりバンバン買えるわけではありません。

その後も、ＩＴバブルで人気を博していたような、ハイテク関連のど真ん中の銘柄よりも、どちらかというとソフト周りの銘柄を攻めていきました。

ＩＳＩＤ（4812）とか、ＪＢＣＣ（9889）、東洋ビジネスエンジニアリング（48

２８）などを売買していました。

あとはプラント関連ですね。まあ、なんとなく面白いんじゃないの、という程度だったのですが、それでも日揮（１９６３）はかなり伸びましたし、ジャパンエナジー（現・ＪＸＴＧホールディングス）なども取引して、これは2倍になったところで売却しました。

このころは、言うなれば初心者でしたから、「株をやるならファンダメンタルズだろう」などと言いながら、『会社四季報』を中心に、もっぱら企業分析の勉強ばかりしていました。

多少は板も見てはいたのですが、それを自分の取引に応用しようとは考えたこともなく、とにかくファンダメンタルズに絞って投資判断を下していたのです。

それでも、大学の学費と、食費をはじめとする生活費は、株式投資の利益で賄えましたから、当時の相場環境がよかったのでしょう。

ちなみに、あの事件が起こるまでの2年間で、２００万円の投資元本から１０００万円以上の利益を獲得しました。

ともかく、私は非常にラッキーでした。

ディーラーは、想像以上に地味な世界

大学を卒業してUターン就職

ただ、ラッキーはそう長く続きません。

２００１年９月11日、アメリカ同時多発テロが発生し、世界的に株価が急落。日本はその後、金融不安が一段と深刻化するなかで、株価はなかなか立ち上がらず、日経平均株価は２００３年４月に、７６０３円という安値まで売り込まれました。

このころ、私は証券会社ではなく、一般企業に勤務する普通のサラリーマンでした。

個人的な事情によって地元の福岡に帰らざるを得なくなり、福岡に本社がある、東証１部上場の某製粉会社にＵターン就職したのです。

もともとファンドマネージャーやディーラーになりたいと思っていましたが、証券会社に入社できたとしても、ディーラーになれる確率なんて１０００分の1くらいのものですし、運用会社に入社してファンドマネージャーになろうとしても、これまた非常に狭き門です。

それに、証券会社に入ったら、自分の株を運用することができなくなります。

それだったら、まず一般企業に就職して、しばらく兼業トレーダーをすればいいのではないかと考え、福岡に帰って就職することにしました。

最初は、けっこう面白がって仕事をしていました。

入社時の研修は、製麺所でラーメンやうどんの麺を作っていました。他の会社が作っているスープと組み合わせながら、駅や空港で売るお土産用のラーメンを作るのです。この作業が、お気に入りでした。

でも、大阪に転勤になったところ、そこの上司がとんでもないパワハラ野郎で、便器が2個しかないトイレ掃除を、一日中やらせたりするのです。

この時点で、「あ、この会社、くだらね〜」と思って、退職届を出す決意をしました。

株式ディーラーとしてデビュー

そして、それとほぼ同じくらいの時期に、たまたま2ちゃんねるを見ていたら、どこかの誰かが、「赤木屋証券でディーラーを募集しているよ」と書き込んでいました。

「これはチャンス」と思い、「ディーラーになりたいんですけど」と電話をしたら、あっさり「来れば」ということになり、まずは面接を受けました。２００２年8月のことです。

一次面接で、滅茶苦茶やる気を見せ、二次面接に進むと、「気持ちに変わりはありませんか？」と聞かれたので、「全然、変わっていません」と答えたら、その場で採用になりました。

その後、証券外務員の試験を受け、２００２年11月に、晴れて株式ディーラーとしてデビューしたのです。

証券会社のディーラーがどういう世界か、興味のある人もいらっしゃると思います。

華やかなイメージですか？

実は、私もそう思っていたのですが、想像している以上に地味です。

基本的に体育会系。それに、場中は売ったり買ったりで大忙しですが、私がディーラーになった当時は、その取引をすべて売買注文の伝票を手で書き、それを発注システムに打ち込むという二度手間で行っていました。

だから、どうしても数字の打ち間違いなどが起こってしまいます。

翌日の朝、前日の集計を取ってみると、実際に出した注文と、取引が成立したものとが合わないなどということも、けっこうありました。

数字が合うまで売買はおあずけです。

こうした誤集計による損失は、部内で連帯責任になります。

みんな、少しでも儲けたいわけですから、誤集計で一番の収益チャンスである前場の寄付き売買ができないのは、正直、勘弁してもらいたいところですが、そこは非常に厳しいのです。

現場を去ったディーラーは数知れず

鉄砲を撃つディーラーの末路

厳しいといえば、ディーラーは日々、いくら儲けろというノルマを課せられています。

毎日、午前9時から取引がスタートし、前引け《ぜんび》と午後3時に本部長が来て、ディーラー全員にいくら儲けているのかを聞いて回ります。

まあ、なかなか「ボウズです（全く収益が上がらず0円であること）」とは言えません。つい「10万円です」とか「20万円です」というように、実際には上がってもいない数字を、集計時に言ってしまうのです。これを業界用語で「鉄砲を撃つ」といいます。

それでもなんとか取り返せるだろうという気持ちはあるのですが、時々刻々と取引時間は終了に向かいます。その間、なかなか収益が上がらないときの焦りは、半端じゃありません。自分が撃った鉄砲に対して、実際の収益がたどり着かなければ、集計時にばれます。

本部長「おまえ、鉄砲撃っただろ」
Ａ君「知りません」
本部長「嘘をつけ」
Ａ君「本当に知らないんです」
本部長「これ、どうするんや」
Ａ君「辞めます」

こんな感じで、現場を去っていったディーラーを数人知っています。ディーラーの仕事とは、会社のお金を使って株式を売買し、利益を上げることに尽きます。

この時期、特に私がいた地場証券は、お客さんからの株式注文を取り次いだり、投資信託を買ってもらったりするブローカー業務ではもう食えなくなり、自己売買で稼ごうということになったのです。

それで急きょ、ディーラーを募集したというわけです。赤木屋証券では最盛期で70人くらいのディーラーを抱えていました。

見て習え、勝手にやれ

新人研修？

そんなものはありません。見て習え、勝手にやれ、という世界です。

新人ディーラーには、一定の猶予期間が設けられています。赤木屋証券は、よほどひどいロスカットが続かない限り、1年くらいは面倒を見てくれました。

なので、私は少しでも早くインセンティブ（成果報酬）を稼ぎたいと考えてはいたものの、まずは1年かけて、大きく稼げるためにはどうすればいいのかを、試行錯誤するようにしたのです。

インセンティブが固定給に上乗せ！

月１００万円が収益の最低ライン

ノルマは、証券会社によって異なるのですが、たとえば、１か月間で稼ぐ収益は１００万円程度がメドになります。

ただ、この１００万円はあくまでも固定費なので、自分自身の最低限の給料と、会社を維持していくうえで必要な経費に消えていきます。したがって、１００万円を割り込んだ月が続くと、そのうちクビを言い渡されます。もし、ディーラーとして稼ぎたいのであれば、常に１００万円を超える収益を上げる必要があります。

これも証券会社によって異なるのですが、固定費を超えた収益に対して、一定のインセンティブ（還元率）が決められており、それに応じて毎月の給料が決まります。

仮に、インセンティブが40％の場合、２００万円の収益を上げたら、

（200万円－100万円）×40％＝40万円

が、固定給に上乗せされます。

固定給は20万円ぐらいですから、合わせて月給は60万円前後というところでしょうか。

赤木屋証券のちょっとした裏話

さて、私がディーラーとしてデビューした赤木屋証券は、ちょっと面白い会社です。

いまはもう証券免許を返上してしまい、証券会社としては存在していません。

証券会社のあと、何を始めたと思いますか？

実は、本店があった東京日本橋で喫茶店を始めたのです。それも、コーヒー1杯で１０００円くらい取るような、高級な喫茶店です。

スターバックス全盛の時代に、なぜ高級な喫茶店を開業したのかというと、理由があったのです。もともとあの土地は立ち退きの話があり、取り壊しまでの3年間に限定して喫茶店を作

ろうという話があったように聞いています。現在は、喫茶店も閉店し、赤木屋ホールディングスという不動産管理会社になっています。

ディーラー2年目に、月給100万円を突破！

話を新人ディーラー時代に戻します。

私は、１か月間で１００万円の利益が出せるようになるまで、だいたい７〜８か月くらいかかりました。

当時、新人の株式ディーラーが持てるポジションは、１銘柄につき１０００株だったので、大きく損をすることもありませんでしたが、なかなか大きく儲けることもできませんでした。会社としては、株数を制限することによって、新人ディーラーが大損してしまうリスクをコントロールしていたのです。

そして、毎月コンスタントに１００万円ずつ利益を出せるようになったところで、上司から売買する株数を少し増やしてもいいという許可が、ようやく下りました。

それと同時に、どんどんプレッシャーもきつくなっていきます。

前場が引けて、昼休みに他のディーラーと談笑していると、本部長が近づいてきて、「お前、今日はどうだ」と聞いてきます。

「すみません。いまのところマイナス2万円です」

その前日もやられていて、それを知っている本部長が「お前、昨日もやられとったやないか」と、滅茶苦茶プレッシャーをかけてきます。

でも、不思議なことに、プレッシャーをプレッシャーとも思いませんでした。そのくらい、株式ディーラーの仕事が好きだったのです。

いまは個人の信用取引でも、同じ証拠金で何度も売買できるようになりましたが、当時は同じ証拠金を用いた取引は、1日に1度しかできませんでした。ところが、証券会社のディーラーは、1日に何度も売買できたので、それが楽しくてしかたなかったのです。

1年が経過したころには、1か月で150万円、200万円の儲けが出ていましたから、固定給とインセンティブを合わせて100万円近い月給を稼いでいました。

しかも、そのときの赤木屋証券は、固定費を削るために午後4時で上がれるようになっていましたから、収益さえ上げていれば、午後4時には会社を出て、あとは自由に呑み歩くことができたのです。

弱冠25歳で月収3000万円

尊敬する先輩ディーラーに憧れて転職

その赤木屋証券とも、さよならする日が来ました。

そのころは、インセンティブだけで月１０００万円ももらったことがあったのですが、その分だけ儲けと損のボラティリティが大きくなり、40人くらいで稼ぐ利益を、私の損失で全額吹き飛ばしてしまう状況になっていたのです。

そうなると、いくら稼いでいるディーラーでも、会社としてはリスクが高くなるため、ポジションに規制がかかるようになりました。

正直、トレードがしにくくなり、自分でももっと成長するための場を求めたいという気持ちが強くなったため、退職届を出して木村証券に転籍しました。

なぜ木村証券だったのかというと、自分が尊敬する先輩ディーラーがいたからです。ポジションが大きくて、豪快に相場を張っているタイプのディーラーでした。

木村証券のいいところは、インセンティブがマックスで65％もあったことです。

仮に1億円の収益を上げれば、その月の収入は６５００万円にもなる計算です。

しかも、２００万円の手金を入れて、最大で5億円のポジションを持っていました。レバレッジは２５０倍です。

３０００万円の損失を自腹で穴埋め

かなりやばい取引でしたが、一方で儲けも非常に大きく、弱冠25歳で月収は３０００万円くらいありました。

もちろん、負ける月もありましたが、年収は1億円を超えていました。

ただし、負けたときには、自腹で損失を埋めなければならないという、恐怖のルールがありました。

で、ガンガン稼ぎまくった最後の最後で、ライブドア・ショックにつかまり、３０００万円くらいの損失を被ったので、積み立てていた保証金でその穴埋めをし、他の証券会社に移籍しました。

今度は、岡三証券系列の三晃証券です。ただ、ここはインセンティブの件でちょっと揉めたこともあり、３か月くらいでさっさと辞めました。

次に行ったのが山和証券。ここには2年ほどお世話になりました。

最後はインストラクターをやってくれという話になったのですが、これは報酬の面で合わなくて、それなら辞めるしかないということになり、退職届を提出しました。

その後、何をしようかと考えているとき、同じ株式の取引をする仕事でも、前々から一度は経験してみたいと思っていながら、経験したことのないものがあることに気付いたのです。それがファンドマネージャーでした。

私が出会ったすごいディーラー

私は、株式のディーラーになってから、日々、株式の売買を行ってきたわけですが、証券会社には本当にいろいろなタイプのディーラーがいました。みなさんのトレードの参考になるかも知れませんし、ディーラーの世界を垣間見ることができますので、ファンドマネーの話をする前に、少し紹介させてください。

わざと損切りを遅くする売り屋

まず、買い屋と売り屋という言い方があって、買い屋は買いポジションを中心にして収益を上げているディーラーで、売り屋はその逆です。

どちらが多いのかというと、自由に売りからポジションを持てるディーラーでも、やはり主流は買いから入る買い屋でした。売り屋の比率は、全ディーラーのうち1～2割程度だったと思います。

売り屋の特徴は、損切りが遅いこと。実はこれ、わざとやっていることなのです。

当時はダウンティックルールというものが存在し、カラ売りは下値を売れないのです。

1回ポーンと売った後で、株価が思惑とは逆に値上がりして担がれた場合、そこは損切り覚悟で買い戻したいところなのですが、再び下がり始めたとき、今度はなかなか売れなくなってしまいます。

それはそうですよね。売りからエントリーした後、株価が戻して損切りした場合、また下がったからといって、また売りから入るのは精神的にもきついので、やりにくいところです。だから、売り屋と呼ばれている人たちは、自分たちが売った後で多少、株価が戻してきたとしても、そこは無視して、じっと耐えているのです。

売り屋が儲かるときは、買い屋が儲かるときとは比べ物にならないくらい、スピーディーに、かつ非常に大きな利益を手にできます。

しかし、最初の戻りのときに逃げ遅れてしまい、そのまま上昇トレンドに向かってしまったときなどは、非常に大きな損失を抱え込むことになるのです。

これはチャートを見ればわかるのですが、大概において株価は、上昇するときは少しずつ長期にわたって上昇するのに対し、いざ下落に転じたときは、一気にストーンと下落します。買い手が大半である以上、一度株価が下げに転じると、大勢の投資家に下げの恐怖が伝播し、誰もがわれ先に逃げ出そうとするため、下げのエネルギーは非常に大きくなるのです。

したがって、短期間で大きく儲けたいのであれば、売り屋になることですが、問題は、前述したように、下げのタイミングまで待つ必要があるので、やられたときの損失が非常に大きくなることです。

逆に、買い屋であれば、いつでもポジションを切れるというメリットがあります。切って、再び上昇に向かうようなら、そこで再び買えばいいのです。

これに照らしていえば、初心者がデイトレードをする場合は、買いから行うのがセオリーです。

わざわざ薄い板の銘柄ばかり選ぶ先輩ディーラー

また、本来ならデイトレードのような短期売買の際には、買い板が厚い銘柄を選んでトレードするものですが、私の先輩のなかには、わざわざ薄い買い板の銘柄ばかり選んでいる人がいました。

最初、その人のトレードを知ったときは、本当に驚きました。

詳しくは第４章で解説しますが、私が短期トレードの銘柄を探すときは、できるだけ厚い買い板を持っている銘柄しか対象にしなかったからです。

「どうして買い板がない銘柄を買うんですか？」

どうしてもその秘密が知りたくて、思わず質問してしまいました。

買い板が薄いということは、株価が下げに転じたとき、逃げられなくなるリスクを抱え込むことになります。

私は、とてもではありませんが、そのようなリスクは負いたくありません。でも、その先輩は平然とした顔をして、そのリスクを覚悟のうえで、買い板の薄い銘柄ばかりをトレードしているのです。


彼は一言、こう言いました。

「板が薄いから誰も売ってこないんだよ」

目から鱗とは、まさにこのことです。

私は、いつでも逃げられるように買い板の厚い銘柄を選んでトレードしていましたが、この先輩は「買い板が薄くて逃げにくい銘柄だから、誰も売らないので株価が安定している」というロジックで、わざわざ買い板の薄い銘柄を選んでいたのです。


ときどき成行《なりゆき》の投げ売りをしてくる投資家もいますが、それで株価が下げたときには、単なるイレギュラーによる売りだから、買えばいいというスタンスなのです。

この話を聞いたとき、これは株式投資の縮図だと思いました。

やはり、イレギュラーによって生じた株価のブレを取りに行くのが、トレードの基本です。

そう考えると、この先輩のトレードは、究極の板読みではないかとも思えたものです。

何しろ、いまはここの買い板が無いけれども、いずれ株価が下がれば自然のうちに買い板が出てくるという考え方に基づいて、それに先回りしてポジションを取っているのですから、これは上級の板読みトレードです。

したがって、この先輩は常に30銘柄、50銘柄というように、実に幅広い銘柄に分散投資していました。

たくさんの銘柄に買いを入れていくので、この先輩はまだ板がほとんど出ていないような、朝の8時くらいから、それこそ数百銘柄の板を見ていました。

そして引けた後、もう一度、数百銘柄の板を見ているのです。

こうして数千円、1万円という小さな利益を積み重ねて、1日の利益を生み出していました。

以上、プロの株式ディーラーのすごい技を紹介しましたが、次に紹介するのは、プロのディーラーでも、大失敗するという話です。

「全員、投げろ！」——私が体験した怖～い話

投げられない株を買ってはいけない

後輩のディーラーは、けっこう優秀な人材で、将来伸びると思っていたのですが、とにかく成績のボラティリティが高くて、上司からは嫌われていました。でも、徐々にディーラーとしてステップアップしていくなかで、買える株数も増えていきました。

そんなある日、どこで聞きかじってきたのか、前出の、買い板の薄い銘柄ばかり買っている先輩ディーラーのことを知って、自分もその真似をしようとしたのです。

「今日から1万株までポジションを持てるようになったので、ちょっと同じことをやって儲けてみます」

なんて言って、流動性が低い銘柄を1万株ほどポーンと買ったのです。

当然、株価は薄商いのなかをガンガン上昇していきました。その後輩君は「もう20万円も含み益が出ました」と得意満面な顔です。

そのとき、部長が飛んできて、「お前、そんな板を無視した買い方をするな。それ、どこに投げるんだ」と言った途端、超売り気配になって「全部投げろ」ということになりました。

投げられない株を買ってはいけないという教訓です。

調子に乗って買いまくった株価が大暴落

また別の話。2003年ごろの話です。

日本写真印刷（7915）という会社が、ニンテンドーDSのタッチパネルを開発しました。爆発的な人気になり、企業だけでなく株価も急成長したのですが、株価が800円、900円に上昇したところで、変な買いが付いてくるようになったのです。

上値を買えば、それに付いてきてくれる。当時、勤めていた証券会社のディーラーたちも、

「なんかいいな、この銘柄」などと言いながら、みんなガンガン買っていました。それこそ何回も何回も回転が利いて、最後は1500円くらいまで買い上がっていきました。

1500円。いわゆるラウンドナンバーってやつで、キリのいい株価なものだから、ここに売り物がごっそり固まっていました。

調子に乗っている私たちは、そんな売り物なにするものぞ、だったので、当然のことですが、この1500円を全員で買いに行けば、多分、ここから株価はガンガンにぶっ飛んで、大儲けできると考えました。

で、誰か一人がそれをポーンと買いに行きました。

そのとき、示し合わせたわけでもないのに、社内の株式ディーラーがみな、一斉にその銘柄に飛びついたのです。

さあ、来るぞ、来るぞなどと待っていたのですが、この時点でぴたっと買いが入らなくなりました。

「ん？　どうした？」

などと思っているうちに、少しずつ株価が下げ始めました。

「ヤベー」という心の叫びが、本当の大声のように聞こえた気がしました。

本当はみんな、この先、どうなるんだと固唾を呑んで見守っていたので、部屋はシーンとしていたのですが、そのくらい緊迫したムードが広まったのです。

少しでも売り物が出てきて株価が下がると、みんな調子に乗っていつもよりも多くの株数を買っているものだから、この損失がけっこう大きくなるのです。

フロアのなかには、ちょっと下げただけで「ウワッ」と言っている人もいました。

そして、最後の最後には、「よし、全員投げろ」という号令がかかり、一斉に売り出しました。

当然、株価は大暴落です。

私も同じ株を大量に抱えていたのですが、こういうときは、誰かがしんがりを務めなければなりません。

結局、会社のディーラーが全員投げ終わるのを待ってから、私も投げに行きました。

短期思考のディーラー、長期思考のファンドマネージャー

ディーラーからファンドマネージャーへの転職が厳しい理由

脱線した話を元に戻します。ファンドマネージャーに転職した話です。

実は、ファンドマネージャーは昔からやってみたい仕事のひとつでした。

私のディーラー仲間でも、同じ考えの人はけっこういたようです。

ただ、ディーラーからファンドマネージャーになるための転職活動はするのですが、ほぼ全員がなぜか落ちていたのです。少なくとも、私が知っている人のなかで、この転職が成功した人は、実は一人もいませんでした。

何か理由があるに違いないと思った私は、とりあえずエージェントに登録して、運用会社の就職試験を受けに行きました。

でも、やはりどこにも受かりませんでした。理由は、「短期売買をやっていた人は、基本的にわが社の考えにそぐわない」というものでした。

何が合わないのか、それだけの答えでは納得がいきません。

私は、エージェントに連絡をして、「次の就職活動に活かしたいので、とにかく理由を聞ける限り聞いてほしい」と頼みました。

しかし、「ファンドマネージャーの仕事に短期的な思考は合わない」という答えが返ってくるだけでした。

同じ株式投資をする仕事ではあるのですが、ファンドマネージャーはより長期的な思考に基づいてポジションを取るので、ディーラーのように短期的な思考では、ファンドマネージャーがやっているスタイルの投資はできないということなのです。

それでも、かんぽ生命に転職できた理由

確かにそのとおりなのでしょう。転職活動を繰り返しているなかで、ディーラーの友人と雑

談をしていたところ、こんな話になりました。

「俺たちって、ファンドマネージャーのこと、バカにしていない？」

そうなのです。逆もまた真なりで、私たちもファンドマネージャーからディーラーになりたいと言ってくる人たちに、「悪いことは言わないから、ディーラーの道はあきらめて、ファンドマネージャーのまま頑張ったらいかがですか」と言い返したものです。

実際、ファンドマネージャーからディーラーになる人もたまにいましたが、ほとんどの人が儲けることができませんでした。

ということは、恐らく私がファンドマネージャーの世界に行ったら、同じようにバカにされるのも当然なのです。

反省した私は、次に面接まで行った金融機関で、このように答えました。

「確かに、ファンドマネージャーにとって、ディーラーのような短期的な思考はよくないのだろうと思っています。ですので、入社後は当然、直していきたいと思っています。そもそもディーラーとファンドマネージャーは違う仕事だと認識しているので、一から学んでいくつもりです」

するとかんぽ生命保険で内定を得ることができました。

実は当時のかんぽ生命は、民営化した直後だったこともあり、人が不足していました。しかも他の運用会社に比べて、運用に関する先進的な知識や技術を必要としていなかったことも手伝い、内定が得られたと思っています。

ただ、配属先は債券運用でした。配属先の希望を聞かれたとき、「できるだけお金に近いところがいいです」と言ったからでしょう。

日本国債、地方債、社債という債券取引のなかで、私は、地方債と社債の担当をすることになりました。

二度とできない兆単位の資金運用

投げ売りしている債券を買いまくり

こうして、ファンドマネージャーとしての第一歩を踏み出したわけですが、実際になってみると、買わなければならない金額が尋常ではありませんでした。

正直、銘柄を選別している暇など、どこにもないという状態です。買うのは買うのですが、その行為は、たとえて言うならこんな感じです。

「小さな池の水面に波が立たないよう、大きな石を入れる」

そもそも、そんなに大きな金額の取引が日々行われているわけではありませんから、そこにある日、突然大きな金額の取引が入ると、マーケットで形成される価格が乱高下する恐れがあります。

マーケットインパクトが大きすぎて、市場の価格が大きくブレてしまうのです。

そこを、相手の出方を見ながら心理戦を行うのが、非常に面白いのですが、こうした心理戦は、ディーラー時代の経験が活きたのだと思います。

ファンドマネージャー時代に、リーマンショックに直面したこともあり、その影響は日本の債券市場にも及びました。

かんぽ生命としては、リーマンショックの影響で大騒ぎになるような、やばい債券は持っていませんでしたが、他の機関投資家は、取れるリスクに余裕がなかったためか、持っている債券をばんばん投げてきたのです。

債券市場の常識で考えれば、どれだけ投げ売りしても、最後には野村證券がマーケットメイクしてくれるという安心感があったのですが、このときばかりは野村證券にもその余裕がなく、市場の仲介機能を失いかけていました。

投げ売りしている投資家からおいしい値段の債券をたくさん買いまくったのです。

これも同じくリーマンショック後の話ですが、起債を予定していたTDKとトヨタ自動車が、果たして起債できるかどうかという瀬戸際に追い込まれたことがありました。

発行条件を聞くと、国債利回り+0・65%前後という好条件でした。リーマンショック後の二番底が懸念されましたが、条件を冷静に判断してリスクを取ったことで、この起債を機に社債の発行市場は平常化されていきました。

後にも先にも、あれだけ大規模な資金を動かす経験は、二度とないと思います。何しろ、兆単位の資金運用です。動かす金額がいかに大きいかは、想像できるでしょう。

長期投資のスキルを高める絶好の場

こうして債券のファンドマネージャーをやりながら、同時に株式のストラテジストを担当し、1年くらい経ってから株式のファンドマネージャーを拝命しました。

かんぽ生命は、長期的な思考、長期投資の知識を積み上げるには、絶好の場でした。証券会社のセールスから入ってくるレポート、わざわざこちらに情報提供のために来訪してくれるアナリストもいて、国内市場に関する情報には本当に恵まれていました。

また長期的な思考としては、ロジカルに物事を考えるクセが付いたのは、非常によかったと思います。というのも、かんぽ生命にいたときの上司に説明する際は、論理的であることが何よりも重視されたので、中途半端に調べてプレゼンテーションをしても、納得してもらえないのです。

「多分、こうでしょう」などと言おうものなら、「調べなおしてこい」と言われてしまいます。これは、本当に勉強になりました。

短期のトレーディングで収益を稼ぐにしても、どこかで長期的な思考を持つことは、マーケット全体のフレームワークを理解するうえでも、重要なことなのです。

年収は25分の1にダウン

これはちょっと下世話な話ですが、給料はものすごいダウンでした。

株式ディーラーのころは、絶好調のときに年収1億円だったのが、かんぽ生命入社時はなんと400万円。25分の1になりました。

でも、収入に合った暮らしをすればいいわけですし、短期ではなく長期であれば、自分の勘定で株式投資もできたので、生活に困ることはありませんでした。

しかも、かんぽ生命は社宅が充実していて、東京都内でも飯田橋や九段、六本木、赤坂、中目黒といった一等地に、ばんばん建てられているのです。

それもほとんどが駐車場付き。部屋の大きさは、入居する家族の人数にもよりますが、たとえば3人であれば65平米、4人であれば80平米くらいの物件に格安で入ることができました。

これだけのフリンジベネフィットがあれば、まあ、年収400万円でもいいか、という気持ちでしたし、何よりも株式ディーラーを続けていたら、恐らく触れることのなかった長期投資の世界も見ることができたので、これはこれでとてもいい経験になったと思います。

トレーディングスクールを開業

こうして、短期運用から長期投資、株式と債券というように、証券投資で必要な世界はあらかた経験することができたので、独立することを決意しました。

前々から計画していたトレーディングスクールを営もうと考えたのです。

ただし、デイトレードで生計を立てることは妻から禁止。トレーダーだったころの生活が好きではなかったのでしょう。何しろ収入の波が激しいのでね。

しかも、トレーディングスクールをスタートさせるにしても、最初から売上絶好調とはいきませんから、キャッシュフローが固まるまでは独立するなとのお達し。

そこで、千葉の土地を買い、ソーラー発電のパネルを敷き詰めました。ちょうど、東日本大震災後の福島原子力発電所事故によって、太陽光発電をはじめとする再生可能エネルギーが注目された時期です。

10キロワット以上の発電が可能な太陽光発電については、1キロワットあたり38円88銭で今後20年間、固定価格で買い取りをしてくれるというFIT（フィード・イン・タリフ）制度が設けられたことから、これなら安定的なキャッシュフローが得られると考え、太陽光発電に取り組むことにしました。

また、ワンルームマンションをいくつか買って、不動産投資も始めました。

これで、キャッシュフローは確保できました。

あとは住む場所です。かんぽ生命を辞めれば社宅には住めませんから、引っ越しです。たまたま都心のタワーマンションで、築15年の安い物件が見つかったものですから、それをリフォームして住むことにしました。

こうして、ようやく独立。いまは「板読み」を中心にして、個人トレーダーに短期トレードの奥義を伝授しています。その奥義を、第2章以降で解説していきましょう。

第2章
CHAPTER 02

板読みの基本の基本

株価の動きを最も早く先読みできる

チャートよりも早く株価の動向を示すサイン

ご存じのように、株価は常に変動しています。

だから、株式投資で利益を得ようと思ったら、将来の株価がどう動くのかがわかれば完璧です。誰でもお金持ちになれます。


でも、現実には、株価の未来を的確に当てることはできません。

トヨタ自動車の株価がこれから上がるのか、それとも下がるのかは、基本的に誰にもわからないのです。わからないけれども、株式市場に参加している投資家はみんな、将来の株価がどうなるのかを予測しようとします。そのために、ファンダメンタルズ分析や、テクニカル分析を駆使して、なるべく正確な未来予想を立てようとします。

株式投資、とりわけ短期投資で勝つためには、誰よりも早く株価が動意づく兆候をつかむことが肝心です。つまり、**この銘柄の株価はこれから上がるのか、それとも下がるのかを、ある材料から嗅ぎ取り、他の投資家より一歩でも早く、ポジションを張る必要があります。**

株価が動意づく兆候は、ファンダメンタルズよりもテクニカルのほうに表れます。

もちろん、ファンダメンタルズも株価形成の重要な一要因ですが、短期のリターンを狙っている投資家は、実際に業績が発表される前に、市場の噂をはじめとする早耳情報で売り買いの判断を下します。

こうした市場参加者の思惑が、株式の需給関係に影響を及ぼし、株価を動かします。

それが、ローソク足などのチャートに反映されます。したがって、ファンダメンタルズよりも先に、チャートが動き始めます。

だからこそ、スキャルピング（超短期売買）やデイトレードなどを行っている短期のトレーダーは、ファンダメンタルズよりもテクニカルを重視し、他のどのトレーダーよりも早く株価が動意づく兆候を見極めようとして、独自の視点からテクニカル分析を行うのです。

でも、**こうしたテクニカル分析よりも早く、株価が動意づくタイミングをとらえられる方法があることをご存じでしょうか。それが、本書のテーマである「板読み」なのです。**

インターネットで株式を売買している人なら、トレード画面に板情報が掲載されているのを、必ず目にしているはずです。ただ、恐らく大半の人は、なんとなく漠然とその数字の変動を見ているだけなのではないでしょうか。

それは、あまりにももったいない。**実はこの板には、チャートよりも早く株価の動向を示すサインが現れるのです。**移動平均線や一目均衡表、MACD、RSIなど、テクニカル指標には、さまざまな種類がありますが、そのどれよりも早く、株価のほんの少し先の未来を先読みできるのが板情報なのです。

板情報の読み方さえ理解すれば、他のテクニカル指標の見方など勉強しなくてもいいといっても過言ではありません。

日本の証券市場だからできる板読み投資

それともう1つ。これは板読みの大前提といってもいいと思うのですが、**板情報から株価の動きを先読みできるのは、日本の証券市場だからです。**

日本の証券市場は「取引所集中の原則」がまだ生きていて、大半の株式の取引は、東京証券取引所に集中しています。ざっというと9割以上が東京証券取引所に集まっているといっても過言ではないでしょう。

アメリカの証券市場になると、もちろんニューヨーク証券取引所は存在するのですが、同時にさまざまなＰＴＳ（私設証券取引所）が存在して、さまざまな取引が行われています。取引所間の裁定取引を行う人もおり、板がきちんと需給を表していない場合もあるのです。

もちろん、日本でもＰＴＳは存在しているのですが、アメリカほどに市民権は得ていません。したがって、いまも大半の取引が東京証券取引所に集中しているため、板読みは日本だからこそ通用する取引手法であり、私たち日本の投資家は、それを存分に活用して儲けられる立場にある僥倖を、噛み締めるべきでしょう。

売り株数が上方に、買い株数が下方に並ぶ

板情報の基本形

株価は需給関係によって決まります。

つまり、買い（需要）の強さと、売り（供給）の強さの綱引きと考えてください。**需要サイドが強ければ株価は値上がりしますし、供給サイドが強ければ株価は値下がりします。**

そして、**需要と供給の強さは、株数によって決まります。**

実際、どのように板情報が表示されるのかを見ながら、説明していきましょう。

板情報を見るためのツールは、各ネット証券会社が提供しています。

板情報には、売りと買いが各10本程度表示されるものと、すべての情報が表示されるものがあります。**10本を超えるすべての板情報を見ることができるものを「フル板」といいます。**

図2-1 板の基本形

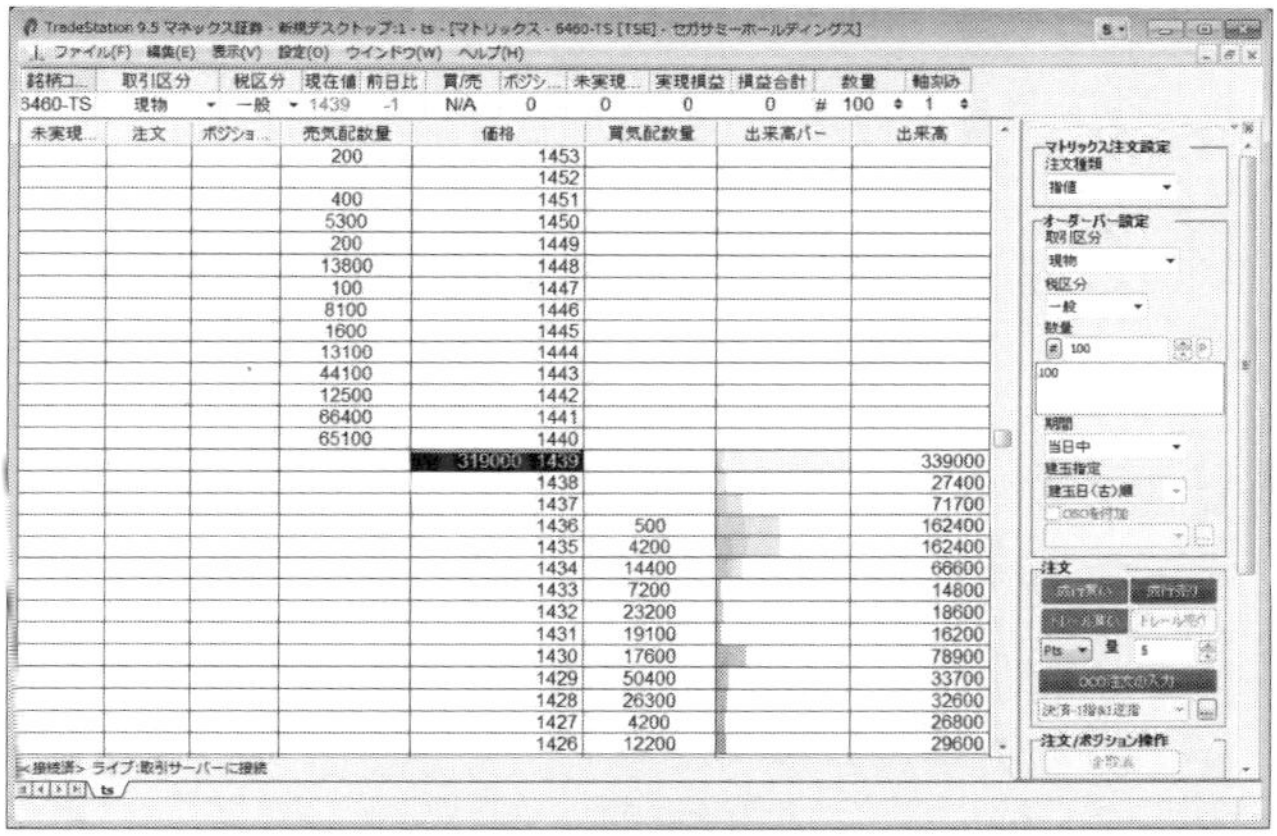

（出所）マネックス証券「トレードステーション」の画面。

ちなみに、私は、主にマネックス証券が提供している「トレードステーション」を使っています。トレードステーション口座を開設すればフル板を無料で見ることができます。

板情報は、図２－１のように数字の列で表示されています。

真ん中の株価を挟んで、左と右にある数字が株数です。左の列は売り株数を、右の列は買い株数を示しています。

基本的に、買いたい人は少しでも安く買おうとしますし、売りたい人は少しでも高く売ろうとするため、板では売り株数が上方に、買い株数が下方に並ぶ形になります。

これが板の基本形です。

板を見れば、1円でも安く買える、1円でも高く売れる！

約定される優先順位

次に、売買が成立する約定《やくじょう》の仕組みを見ていきましょう。
株式市場に出された注文には、約定される優先順位があります。
まず、「価格優先の原則」です。

価格優先の原則

指値《さしね》注文の場合、売り注文では低い呼び値の注文を、高い呼び値に優先させ、買い注文では高い呼び値の注文を、低い呼び値の注文に優先させます。

これはよく考えてみると当然のことで、売りたい人は少しでも高く売りたいと考えるので、安い株価で売り注文を出している人の約定を優先させます。買いはこれと逆で、買い手は誰もが少しでも安く買いたいと考えていますから、高い株価で買い注文を出してくれる人の約定を優先させるのです。

さらに、**価格優先の原則には、「成行《なりゆき》注文」（価格を指定しない注文）が「指値注文」（価格を指定する注文）に優先するという決まりがあります。**

つまり、価格優先の原則では、次の順番に約定されます。

①　成行注文
②　呼び値の低い売り注文、呼び値の高い買い注文
③　呼び値の高い売り注文、呼び値の低い買い注文

したがって、どうしても約定させたいという場合は、成行注文を使うようにします。

次に「時間優先の原則」です。

時間優先の原則

同一銘柄、同一株価の指値注文は、売り買いとも発注時間の早い指値注文を、発注時間の遅い指値注文に優先させます。

同じ価格の指値注文で売りと買いの数が異なる場合には、どちらかが余ることになります。そのときは、売り買いとも発注時間が早い指値注文が優先されます。

板を見れば、売り買いのタイミングがわかる

儲けるためには、安く買って、高く売ることが一番です。でも、売買するためには、相手が必要です。高く売りたくても、その値段で買ってくれる人がいなければ売れません。

相手の状況がひと目でわかるのが板情報です。**約定の優先順位を頭に入れて、板情報を見れば、売り買いしたい時点で、どの価格で注文を出せば、1円でも安く買えるのか、1円でも高く売れるのかがわかるのです。**

スタート時点の株価の決まり方

板寄せの仕組み

前場の寄付き、後場の寄付きを「板寄せ」といって、場を始める時点の最初の株価が決められます。**どこで寄り付くのかというと、売り注文、買い注文とも、成行注文と指値注文を合算し、売りと買いの株数が近くなるところになります。**

図２－２を見ながら、具体的に説明しましょう。

まず、価格優先の原則から、成行注文から成立していきます。ここで出されている成行注文は、買いが１５００株、売りが８００株です。

買い1500株－売り800株＝700株

図2-2 板の仕組み（寄付き）

売り注文 2000株

買い注文 1600株

売り気配	価格	買い気配
800	成行	1500
181000	OVER	100
200	1030	
	1029	
100	1028	
	1027	
100	1026	
5700	1025	
	1024	
100	1023	
200	1022	
700	1021	
200	1020	3800
	1019	100
	1018	5500
	1017	100
	1016	
	1015	600
	1014	100
	1013	200
	1012	
	1011	1200
	1010	1500
100	1009	200
200	UNDER	158400

このケースでは売り指値が400株残る

売り注文と買い注文の数量がほぼ合致する1021円でスタート

現在値

買い注文に対して売り注文が700株足りません。

成行注文の次に約定するのは、価格優先の原則から、呼び値の低い売り注文、呼び値の高い買い注文です。

売りの「UNDER」に200株、買いの「OVER」に100株あります。これを成行と合わせると、買いが1600株（＝1500株＋100株）、売りが1000株（＝800株＋200株）ですので、まだ株数が売り買い一致していません。

次に呼び値の低い売り注文が約定するので、それを見ていきましょう。
売り注文は、「１００９円」に１００株、「１０２０円」に２００株ありますから、これで売りが合計１３００株。まだ売りが３００株足りません。

さらに「１０２１円」に７００株ありますから、この７００株のなかで時間優先の原則が適用され、早く出された売り注文から３００株が約定の対象になります。

したがって、**寄付き時点の始値は、１０２１円になるのです。**
そして、この時点で、１０２１円で売り注文をした株数が４００株残ることになります。

実際は、自分で計算する必要はなく、寄付きの価格は、自動的に板に表示されます。
ただ、板読み投資に挑戦するならば、ちょっと複雑ですが、板の構造がどうなっているのか、株価はどうやって形成されているのかを、まずは把握しておきましょう。

なぜ、強い板でトレードするのか？

強い板と弱い板の基本形

板には、強い板と弱い板があります。簡単にいうと、次のようになります。

強い板

買い指値が多く（買いたい人が多い）、売り指値が少ない（売りたい人が少ない）板。

弱い板

買い指値が少なく（買いたい人が少ない）、売り指値が多い（売りたい人が多い）板。

図2-3 強い板の基本形

売り気配	価格	買い気配
600	910	
	909	
1900	908	
	907	
	906	
	905	
	904	
	903	4300
	902	4100
	901	5500
	900	6900
	899	2200
	898	100
	897	7800
	896	200
	895	600

売り指値
2500株

売りたい投資家が少ないため、売り指値が少ない

買いたい投資家が多いため、買い指値が多い

買い指値
3万1700株

強い板は、買いたい投資家が多いため、下の板が厚くなる（買い指値が多い）一方、売りたい投資家が少なくなるため、上の板が薄くなる（売り指値が少ない）のです。

また弱い板は、強い板とは逆になると考えておけばいいでしょう。つまり、買いたい投資家が少ないため、下の板が薄くなる（買い指値が少ない）一方、売りたい投資家が多くなるため、上の板が厚くなる（売り指値が多い）のです。

図２－３と図２－４を見てください。実際の板を見れば一目瞭然です。

図2-4 弱い板の基本形

売り気配	価格	買い気配
201500	545.3	
7700	545.2	
9600	545.1	
277100	545	
323700	544.9	
	544.8	
	544.7	
	544.6	4500
	544.5	8600
	544.4	1300
	544.3	800
	544.2	200
	544.1	300

売り指値
81万9600株

売りたい投資家が多いため、
売り指値が多い

買いたい投資家が少ないため、
買い指値が少ない

買い指値
1万5700株

まずは、この強い板と弱い板の傾向を押さえておいてください。これが基本形です。

損失を限定するために、強い板でエントリーが基本

そして、これは実際のトレードにつながってくることなのですが、強い板を見つける習慣をつけてください。

デイトレードで大事なのは、損失を限定することです。損失をコントロールしつつ、利益を狙うのです。これは、下手なリスクを背負わないようにするうえで、とても重要です。

そのためには、強い板を探してエント

図2-5　強い板で損失を限定して利益を狙う

売り気配	価格	買い気配
600	910	
	909	
1900	908	
	907	
	906	
	905	
	904	
	903	4300
	902	4100
	901	5500
	900	6900
	899	2200
	898	100
	897	7800
	896	200
	895	600

エントリー

投げる板がたくさんあるので、損失が限定される

上値が薄いので、利益が取りやすい

リーするのが一番です。

なぜ、強い板でエントリーすると、損失を限定しつつ、利益を狙うことができるのか、具体的なケースで解説しましょう。

図２−５を見てください。買い手が多いので下値が厚く、上値が薄くなっています。典型的な強い板であることがわかります。

ここでは、９０３円でエントリーしました。

たとえば、その直後に、９０４円に大量の売り株数が出てきたら、誰もが「ヤ

バイ」と思うでしょう。

それは、売りたくてうずうずしている投資家が、板の向こう側にいることを意味します。

そのようなときでも、買い指値が多ければ、すぐにポジションを投げることができます。もし投げたとしても、買いたい投資家がたくさんいるので、株価が奈落の底にまで落ちていくようなことにはならないでしょう。

逆に、買い指値が少ない弱い板だと、これはもう恐怖心を抱え込むことになります。自分が投げたいと思っても、買いたい人が少ないので、誰も買ってくれません。そのまま株価がずるずると下げていきます。

だから、**買いからエントリーするのであれば、まずは買い板が厚い、強い板を持った銘柄を探す必要があるのです。**

板の中に住んでいる人たち

板の動きでマーケット参加者がわかる

マーケットには、デイトレーダー、証券会社のディーラー、アルゴリズムなど、さまざまな投資家が参加しています。

板を見ると、どのような参加者がいるのかがわかります。

たとえば、**１００株ずつちょこちょこと売り買いが出てくるときは、個人投資家のなかでも比較的小口の投資家が動いていると想像がつきますし、典型的なアルゴリズム・トレードになると、人の手を介さずに、コンピュータの自動売買で細かく注文を入れていくので、板が絶え間なくチカチカします。**

このように、板の変化から、どのような投資家が取引に参加しているのかがわかるのです。

では、板の中に住んでいる、つまり板として表れてくる投資家には、どのような人たちがいるのかを列挙してみましょう。

まあ、「列挙して」などと申しましたが、基本的には個人投資家と機関投資家という２つのグループに分かれると考えていただいていいでしょう。

そして、機関投資家は、アルゴリズム・トレードと、そうでないトレードの２つに分かれるので、**細かく見れば、個人投資家も合わせて3つの主体が存在することになります。**

ただ、いまは機関投資家の８割がアルゴリズムなので、まあ大半はアルゴリズムと思っていただいていいでしょう。

板に表れる投資家① 機関投資家

まず機関投資家のクセというか、傾向について説明しておきます。

これは、アルゴリズム・トレードを行っているかいないかに関係なく、機関投資家全般に共通することですが、**1日の出来高のうち一社が20%を超えて取引することはない、**ということです。

専門的には「関与率」などといいますが、たとえば30％、40％というように買っていくと、マーケットインパクトといって、自分の買いが株価を押し上げてしまうのです。

そのため、**機関投資家の買いはダラダラと続く傾向があります。**

たとえば、投資信託です。ある銘柄について、ファンドの純資産の５％まで組み入れたいとしましょう。これを一度にまとめて買うことはありません。マーケットインパクトが大きすぎるからです。通常、このように大きな金額で銘柄を組み入れるときは、数日に分けて買い付けていきます。

したがって、**機関投資家の買いは、板のなかでは多少、インパクトが大きいのですが、株価を乱高下させるほど無茶苦茶なものはありません。**

板に表れる投資家②　アルゴリズム

次に、機関投資家のなかでも、アルゴリズム・トレードを行っているケースですが、一言で「アルゴリズム」といっても、ここには２つのタイプがあります。

それは「儲けたいアルゴリズム」と「買いたいアルゴリズム」です。

「儲けたいアルゴリズム」は、一部のヘッジファンドのように、超多頻度売買で薄くサヤを抜いていくトレードを繰り返している投資家のことです。

これに対して「買いたいアルゴリズム」は、機関投資家からの注文を受けて、粛々と約定させていくためのアルゴリズム・トレードです。

このように同じアルゴリズム・トレードでも、2つのタイプがあることに留意してください。

買いたいアルゴリズムは、VWAP売買に絡んで表れます。

VWAP売買とは、出来高加重平均取引のことで、株数にかかわらず、1本の約定価格で全株数の取引を成立させてくれるものです。

投資信託会社のような機関投資家が、たとえば三菱重工業株（7011）を50万株買いたいという注文を証券会社に出すと、証券会社はその注文をシステムに打ち込むだけで、あとはアルゴリズムが粛々と取引を執行してくれます。

このVWAP取引によるアルゴリズム・トレードは、出来高加重平均なので、出来高に応じて注文を出していきます。なので、寄付き時点でのインパクトが強くなります。というのも、1日を通じて出来高の推移を見ると、寄付き時点でその日の出来高の2～3割ができるからです。あとは、前場で2～3割程度ができ、後場にちょこちょこと取引が成立し、引けに1割程度ができるというイメージです。

このように、売買のヤマに連動する形で、VWAP取引の注文が出てきます。

VWAP取引が板のどこに入ってくるのかは、板情報をずっと見ているうちに、少しずつわかってきます。 たとえば、現在寄り付いている株価よりも下方に株価が乖離すると、すぐ下値に買いが入ってきます。

また、**儲けたいアルゴリズムの場合は、ものすごいスピードで売買注文が入ってきます。それこそ、板情報が常時、チカチカしている感じです。**

板に表れる投資家③　個人投資家

もっとも、機関投資家の買いは、それほど需給を大きくブレさせる要因にはなりません。彼らはマーケットインパクトが怖いので、できるだけ需給がブレないように、慎重に買いを入れてくるからです。

むしろ、需給を大きくブレさせるのは、個人投資家の動きだったりします。

特にデイトレードなど短期の売買を行っている個人投資家たちは、個人といっても、相応のロットで買いを入れてきますし、同じ方向に注文を入れてくるケースが多いのです。

決して少なくないロットの注文が同じ方向に入るものだから、板に与えるインパクトも大きなものになります。

したがって、**板読みで重要なのは、アルゴリズム・トレードを含めた機関投資家の動きよりも、むしろ個人投資家の動きだと考えています。**個人投資家が何を考え、どのようなポジションを取ろうとしているのか。それを先読みしながらトレードするのが、板読みによる短期トレードの原点だと思います。

意味がないOVERとUNDER

板情報の画面を見ると、「OVER」と「UNDER」という表示があることに気づかれると思います。

ザラバで、OVERは売り板側、UNDERは買い板側に表示されていますが、その意味するところは、**表示されている株価よりも上の株価での売り株数の合計がOVERで、逆に表示されている株価よりも下の株価での買い株数の合計がUNDERになります。**

したがって、OVERよりもUNDERの株数が多ければ、株価は下がりやすくなり、逆にUNDERよりもOVERの株数が多ければ、株価は上がりやすくなるといわれています。

でも、これは単なる俗説です。けっこう、これを気にしている人が多いので、ここではっきり断言しておきますが、全く無意味です。

ＯＶＥＲとＵＮＤＥＲの株数の比率をウォッチして、今後の株価が上がるのか、それとも下がるのか、という相関性を調べている投資家もいるようですが、それで儲かったことなど一度もありません。

しかも、いまはフル板といって、全部の板が見られるようになっているので、ますますＯＶＥＲとＵＮＤＥＲをチェックすることの意味が、薄らいでいます。

私が知っている限り、板読みでメシを食っている投資家のなかで、ＯＶＥＲ、ＵＮＤＥＲを気にしている人は、一人もいません。その程度のものなのです。

短期でトレードしている投資家からすれば、板情報で大事なのは、まさにいま、寄り付いている株価を中心にして、上下に７本程度のものでしょう。

５００円で買った銘柄を、５０５円で売って利益を確定させるといったトレードを細かく繰り返すのであれば、そこからさらに上下に離れたところにあるＯＶＥＲ、ＵＮＤＥＲの株数は、需給に何の影響も及ぼしません。

したがって、ＯＶＥＲ、ＵＮＤＥＲは気にしなくてもいいのです。

最も早く株価の値動きがわかる

なぜ、株価の動きを先読みするために、板読みが有効なのか。それは、ティックにしてもチャートにしても、まずは板ありきだからです。

「歩み値」は、過去に約定した株価がどう動いたのかを時系列に示したものです。言い換えると、板の値動きを記録したものが歩み値になります。

そして、歩み値がどう動いたのかを線で結んだものが「ティック」になり、その集合体が「分足」「日足」といったチャートになります。

したがって、**あらゆる価格情報のなかで、板が最も早く株価の値動きを伝えてくれるのです。短期のトレーダーなら、これを利用しない手はありません。**

図2-6 板は最も早く先読みできるツール

●歩み値

時刻	価格	約出来
15:00:00	646	15400
14:59:59	646	800
14:59:50	647	100
14:59:50	647	1400
14:59:47	648	200
14:59:47	648	200
14:59:47	648	200
14:59:47	648	100
14:59:10	648	100
14:59:06	649	100
14:59:06	649	200
14:59:06	649	100
14:58:34	648	800

●ティック足

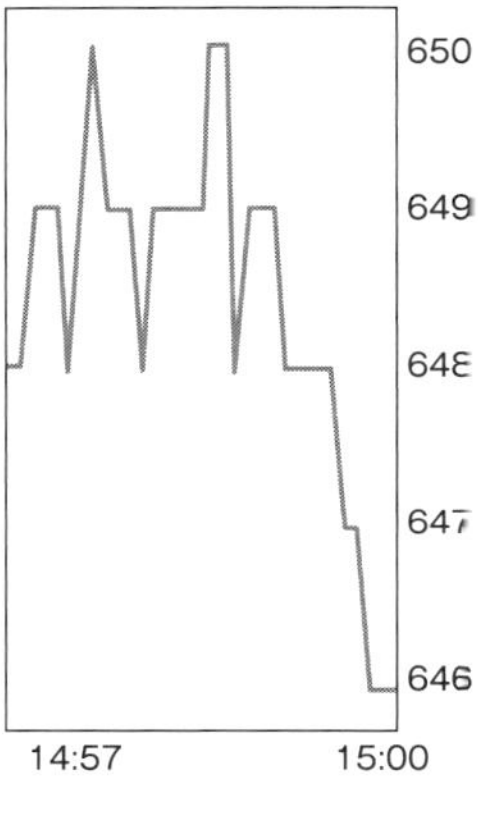

●日中足

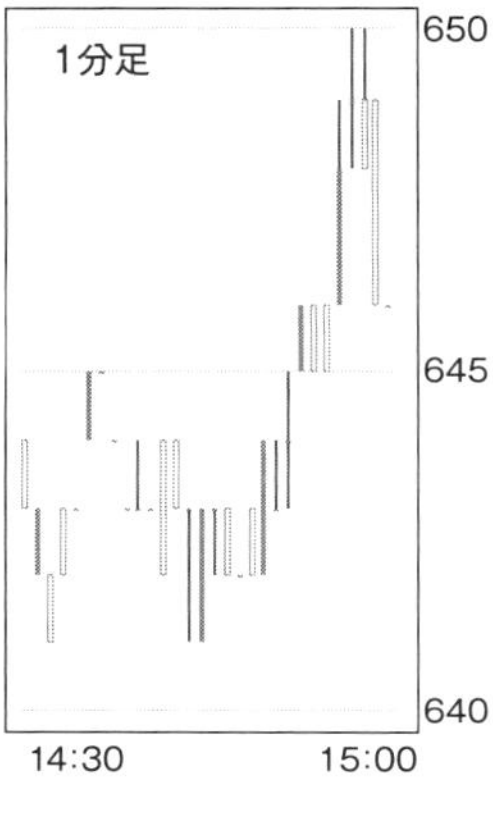

ところが、短期トレーダーのなかには、見るべきものを最初から間違っている人が大勢います。

それは何かというと、**スキャルピングや1分単位で売買を繰り返しているのに、なぜか5分足を見てトレードしているのです。そのうえ、板を全く見ていない。**

「トレンドを読んでトレードしているから大丈夫です」などとおっしゃるのですが、そもそも５００円で買って５０５円で売るようなトレードを繰り返している投資家に、トレンドもなにもあったものではありません。

それなら、**板読みのテクニックを勉強したほうが、はるかに収益機会に恵まれます。**

中長期投資にも役立つ板読み

板読みは、短期トレードだけでなく、中長期で保有する投資家にも役立ちます。

確かに中長期投資の場合、短期トレード、それもスキャルピングのように頻繁に売買を繰り返さないため、あまり板情報は必要ないのではないかと思われてしまいがちです。

でも、**中長期投資でもエントリーするときには買いますし、利益確定させるときには売却します。売買行為が発生する以上、板読みができれば、有利な条件で取引できます。**

指値の塊を避けて売買できる

板情報を見れば、どこに指値注文の塊があるのかがわかります。売り指値の塊があるところは売りにくく、買い指値の塊があるところは買いにくくなります。

板情報からそれを読み取れれば、**売り指値の塊がある下のところに売り指値を置く、買い指**

値の塊がある上のところに買い指値を置くことによって、売りたくても売れない、買いたくても買えないという状況が避けられ、結果的にリーズナブルな株価で約定できます。

たとえば、いまの株価が598円のとき、十分な利益が乗ったので、そろそろ売却したいと考えて、指値を入れる場合、いくらを指値にしますか？

けっこう多いのが、600円で売り指値を入れるケースです。

確かに、キリがいい数字なので、なんとなく600円で指値してしまう気持ちは、わからないでもありません。実際、昔は機関投資家でも、いろいろ計算が面倒くさいから、キリのいいところで指値するケースがありました。

でも、これはダメなのです。みんなが指したがるということは、そこに指値注文が溜まってしまうため、売りたいのに売れないという状況になりかねません。

したがって、**600円で売り指値をしたいのであれば、598円とか599円で売り指値を入れるようにします。**

逆に買いの場合は、**600円で買い指値を入れるのではなく、601円とか602円で指値**

をするようにします。

そうすることによって、結果的に６００円で売れず、さらに安い株価で売らざるを得なくなる、あるいは６００円で買えず、さらに高い株価で買わざるを得なくなるという状況を回避できるのです。

逆指値を入れてリスクヘッジをかける

また、中長期投資の投資家で、ほとんど放置プレーという人は、板情報を見なくてもいいと思いますが、ザラバ中に板情報がチラ見できるような兼業トレーダーなら、ときどきは板情報を見たほうがいいでしょう。

自分の持っている銘柄が弱い板になっていたら、先に売っておくか、もしくは逆指値を入れてリスクヘッジをかけておけば、下値をどんどん切り下げていくような相場展開になったとしても、とりあえずは安心できます。

そもそも、下の買い板が厚いにもかかわらず、売りに押されてがんがん株価が下がり続けていたら、材料はともかく、売りが強いことを察しなければなりません。

これをチャートで把握するのは困難ですが、板ならすぐにわかります。下値がどんどん売られるというのは、明らかに売りたい投資家が大勢いることの証拠です。

板情報は冷静な人ほど役立つ

また、短期トレーダーで常時、板情報をチェックしている人に比べて、中長期で投資している人のほうが、板情報を見たとき、冷静に判断できるというメリットがあります。

常時、板を見ていると、バイアスがかかることがあります。

最初のうちは買い板が厚かったのに、いつの間にか売り板が厚くなって、株価がジリジリ下げていくというような展開になっても、現状を素直に受け入れることができず、「もう少ししたら買いが入ってきて戻るだろう」などと、根拠のない希望的観測をしてしまうのです。

結果、逃げ遅れて、安値で売らされる羽目になりかねないのです。

ところが、中長期の投資家は、次にいつ板を見られるかわからないので、現時点の板をパッと見たところで、この状況は弱い板なのか、それとも強い板なのかを判断します。

のべつまくなし板情報を見られる短期トレーダーと比べて、途中経過によるバイアスがかかりにくいともいえるでしょう。

このように、板情報を冷静に見られるという点も、中長期投資家のメリットです。

第3章

CHAPTER 03

板読み投資の基本テクニック

5手先を意識した売買を心掛ける

板の動きを先読みしたエントリーが重要

板読みで大事なことは、株価の動きを先読みすることです。前章で解説したように、あらゆる株価情報のなかで、板が最も早く株価の値動きを伝えてくれるからです。

実際に、この板情報をもとにトレードするときには、5手先を読んだ売買を心掛ける必要があります。囲碁や将棋と同じように、何手も先を読むことで、勝利を呼び込むのです。

自分がここで買ったら、他の投資家はどう動くか、いったい誰が参加してくるのかを、板情報の数字の動きから読み解きながら、ストーリーを描くのです。

イメージとしては、図3－1のような樹形図を頭のなかに描きます。

たとえば、ここでエントリーしたとき、2手先で株価が上昇するのか下落するのか、3手先ではさらに上昇するのか下落するのか、2手先の下落の後に上昇するのかどうかなど、さまざ

図3-1 先読みのイメージ

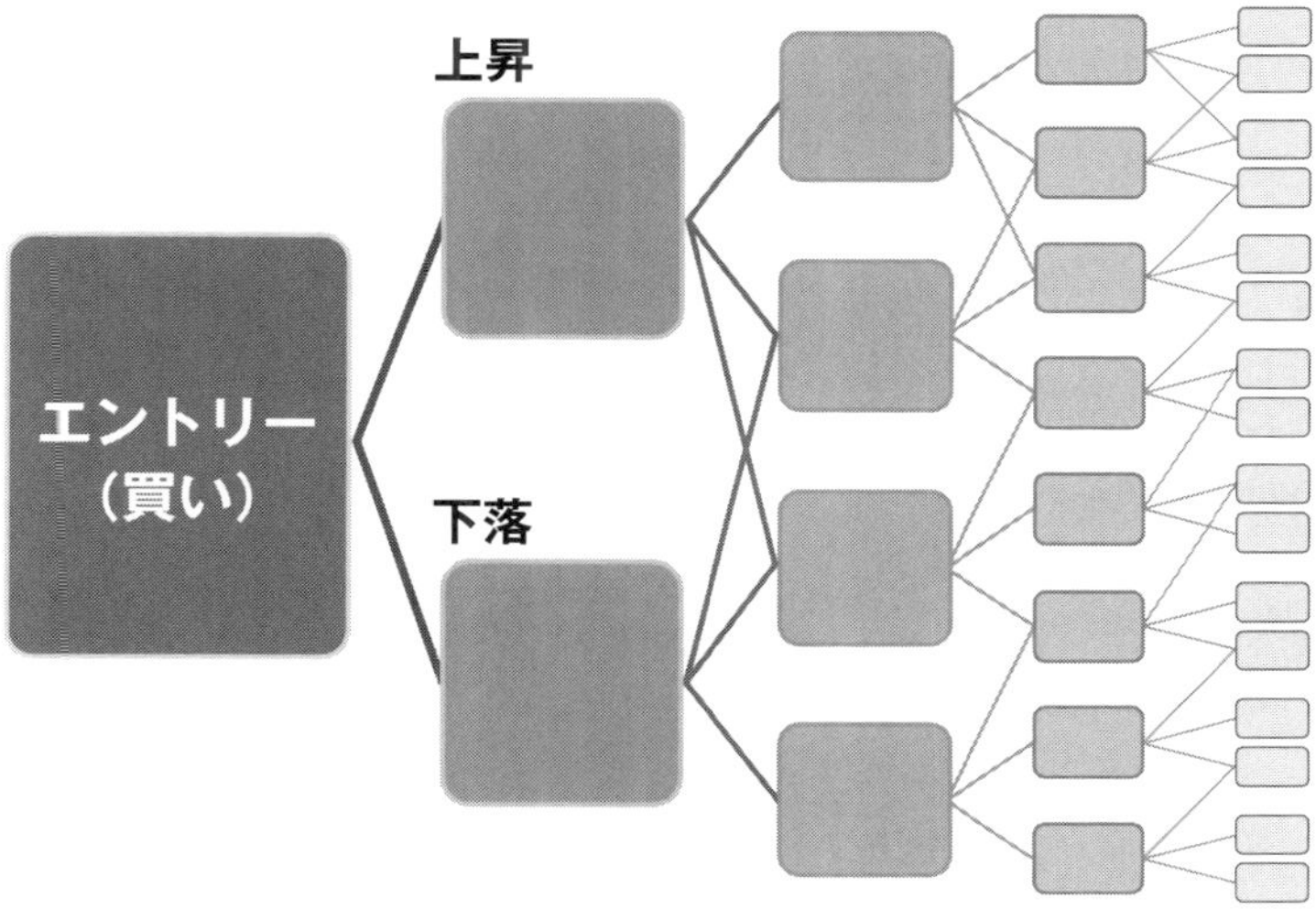

まなパターンを先読みします。

そんなことをしていたら、エントリーチャンスを逃してしまうと思うかもしれません。もちろん、その通りです。

板読み投資で大事なことは瞬時の判断です。

そのためには、**板の形を見た瞬間に、この形なら5手先で上がる、または下がることをイメージできるように、たくさんの板を覚える必要があるのです。**

いま見えている板は答えの確認

エントリー後は、いま見えている板で、5手先まで先読みしたストーリーの答え

図3-2 いま見えている板は答えの確認

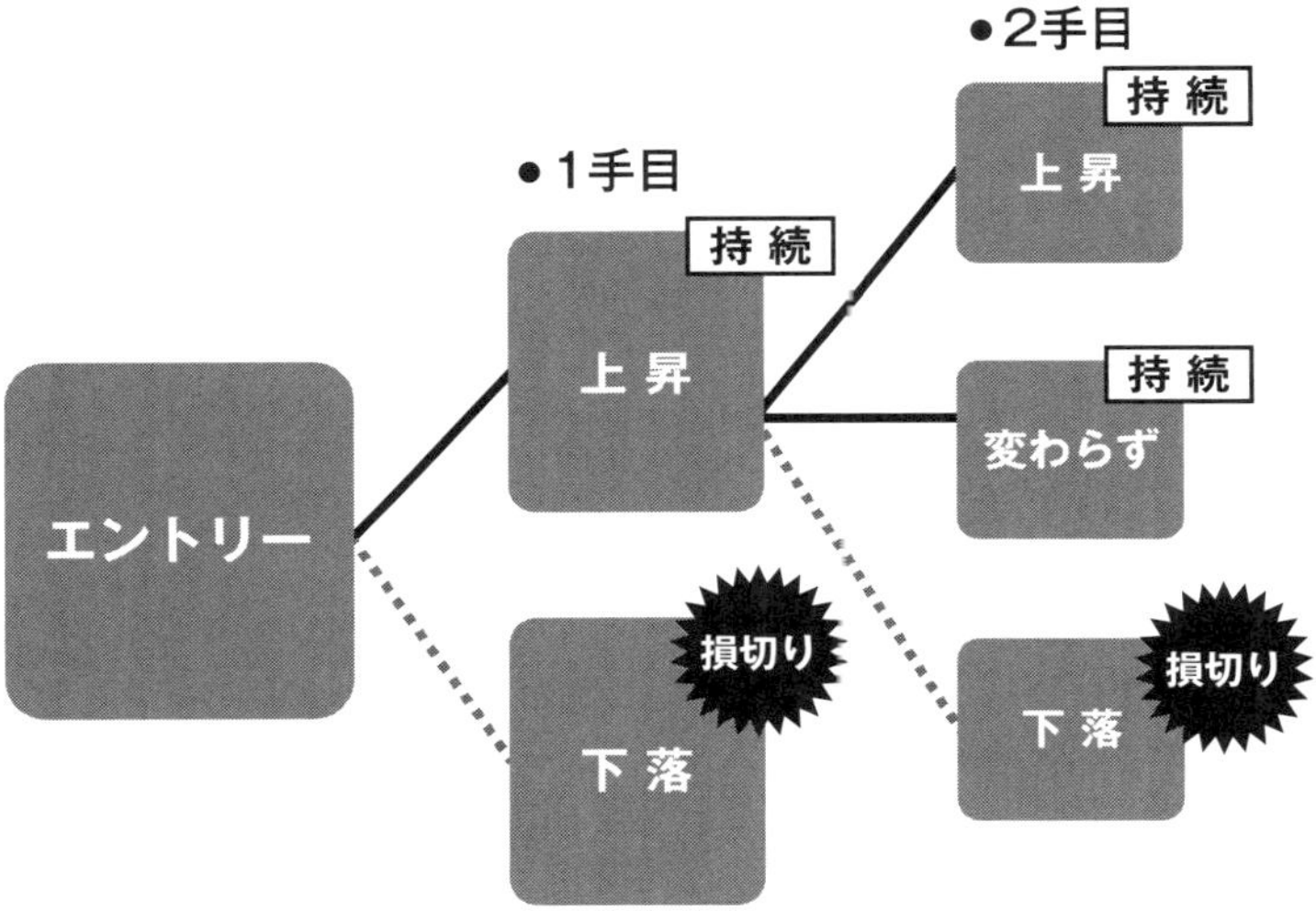

を確認しながら、持ち続けるか、売却するかを判断します。

まず、自分で予想した株価の動きを確認します。

1手目で想定通りに株価が上昇すれば、持続します。2手目も上昇、または変わらなければ持続します。逆に、下落すれば、損切りします。途中で撤退しなければ、5手先までこれを繰り返します。

いま見えている板は、エントリー前の予想を確認するためのものです。つまり、描いたストーリー通りに、持続、損切りを判断するのです。

自分が売買した値段を覚えることが上達への第一歩

今日のトレードを記憶に残す

板を見た瞬間に先読みできるようになるには、とにかく板のパターンをたくさん覚えるしかありません。

そのためには、少なくとも自分が買ったときの株価と、売ったときの株価くらいは覚えておくことが肝心です。要するに、**自分が買ったときの板の形、売ったときの板の形が記憶に残るくらい、板を見るようにするのです。**

私は、だいたい３日間くらい、自分が売買したときの板の形を記憶しています。なので、この板だと、このように動くだろうから、ここで買う、ダメならここで投げるということを先読

図3-3 自分の売買を覚える

● ステップ1 ●

利食い・損切りポイントを定めてエントリーする

↓

● ステップ2 ●

エントリー時の約定価格を覚える

↓

● ステップ3 ●

エントリー時の板の形を覚える

みできるのです。

ただ、いきなり板を覚えておけと言われても、それは恐らく無理なので、まずは次の3つのステップで、自分が買った株価、売った株価を覚えるようにします。

それを繰り返しているうちに、徐々に板のパターンが増えてきます。

①利食い・損切りポイントを定めてエントリーする。
②エントリー時の約定価格を覚える。
③エントリー時の板の形を覚える。

このように言うと、「じゃあ画像デー

タで残しておきましょう」などと言う人もいるのですが、これは全く意味がありません。

大事なことは記録として残しておくのではなく、記憶として残しておくことなのです。

画像データで保存しておいても、マーケットは時々刻々と変化していますから、その場、その場のマーケット環境に対応するため、いちいち過去のファイルを開けていては、間に合いません。

やはり、自分の頭の中に記憶として残しておくのが、一番いいのです。

練習は「買い」からすること

プロのディーラーも「買い」で修業を積む

板読み投資でメシを食っていこうと思ったら、とにもかくにも練習をしましょう。その際のポイントはいくつかあるのですが、まず買いから練習すること。もちろん、信用取引口座を作れば、買いだけでなく売りもできますが、最初は買いの練習が大事です。

なぜなら、大多数の人が買いでエントリーするからです。やはり、**大勢の投資家がどう動くのかを見ることが、板読みを上達させる近道です。板読みとともにトレーディングを上達させるためには、買いが基本形になります。**

これは、証券会社のディーラーも同じです。「売り屋」といって、売りのトレーディングを得意とするディーラーもいましたが、全体で見れば、買いから入るディーラーが大半でした。また、ディーラーとしての修業を積んでいるときも、最初のうちは売りをやらせてもらえず、もっぱら買いばかりでした。

売りができるようになったのは、ある程度、毎月の収益をコンスタントに叩き出せるようになってからです。

取引回数を増やすために信用口座を開く

ということで、取引の基本は買いからのエントリーであり、売りからのエントリーは考えなくてもいいのですが、それでもできれば信用取引口座を開いたほうがいいかも知れません。ちょっとハードルは上がってしまいますが、**その理由は繰り返し売買できるからです。**

現物取引でも、現金をたくさん積めれば問題ないのですが、たとえば口座に11万円しかない状態で、株価が１０００円の銘柄を１００株買った場合、取引金額は10万円です。まさにギリギリの資金で回していくケースです。

これだと1日のなかでできる取引は、買った銘柄を売って同一銘柄を買うところまでは認められますが、その銘柄を売ることは認められません。

これは差金決済のルールによって禁じられているのです。

逆の取引も同様です。すでに保有している銘柄を売却し、同一銘柄を買うところまでは認められますが、さらに売却することは禁じられています。

もちろん、口座に100万円あれば、このケースでは、同一銘柄でも約10往復まで売買を繰り返すことができます。

したがって、現物で1日のうちに何度か売買を繰り返したいという場合は、ある程度の資金力が必要になります。

また、前述したように信用取引口座を開ければ、1日のなかで何度も売買を繰り返すことができるので、板読みトレードの練習になります。

同値売買の練習でスキルを磨く

買った金額で売る練習を繰り返す

さて、どのようなやり方で練習すればいいのかについて、簡単に説明しておきましょう。

板読み投資の練習でお勧めしたいのが「同値売買」です。

同値売買とは、たとえば１０３円で買ったら１０３円で売るという売買を、ひたすら繰り返すことです。

「儲けも何も出ない取引を繰り返すことに何の意味があるのか」という声も聞こえてきそうですが、**この練習をひたすら繰り返して損が出なくなったら、実践でもかなりのリターンを残せるようになるはずです。**

これは実際にやってみるとわかるのですが、大概の人は小さいとはいえ損失がどんどん積み上がっていきます。意外と同値売買は難しいのです。

図3-4 同値売買の練習① エントリー

売り気配	価格	買い気配
2	106	
	105	
	104	
	103	
	102	14
	101	9
	100	35
	99	5
	98	
	97	46
	96	
	95	3
	94	

103円2枚で
エントリー

104円と105円に
売りがないので、
106円で売れれば
3円の利益が取れる

買い板が厚く、
売り板が薄い強い板

また同値で売買しても、手数料分だけは負けになるわけですが、最近は、多くのインターネット証券会社が手数料パッケージプランを持っています。だから、その日のトレードが終わって時間が余ったときなどは、ひたすら同値売買の練習を繰り返しましょう。

具体的な流れは、次のようになります。

まず、同値売買に適した銘柄を見つける必要があります。**基本的には買い板が厚く、売り板が薄い銘柄を選びましょう。**

まずはエントリー。買いから入ります。

図３－４を見てください。買い板が厚く、

図3-5 同値売買の練習②　同値撤退

売り気配	価格	買い気配
5	106	
10	105	
3	104	
	103	4
	102	6
	101	3
	100	35
	99	5
	98	3
	97	30
	96	
	95	3
	94	

103円の4枚の買いにぶつけて、103円で買った2枚を売却する

売り板が厚くなってきた→売りたい投資家がたくさんいる

買い板はまだ厚い

売り板が薄くなっています。そこで、103円で2枚の買いでエントリーしました。

売り板を見ると、106円に2枚ありますが、104円と105円には売りがありません。仮に103円で買って、106円で売れれば、3円幅で利益が取れます。

しかし、今度は売り板が厚くなってきました（図3－5）。104円に3枚、105円に10枚、106円に5枚の売りがあります。

これまでスカスカだった104円と105円に売りが出てきたということは、多分、売りたい人がたくさんいるという

図3-6 同値売買の練習③　その後の確認

売り気配	価格	買い気配
5	106	
10	105	
3	104	
2	103	
8	102	
1	101	
	100	35
	99	5
	98	3
	97	30
	96	
	95	3
	94	

もし100円で売ることになったら、3円の損失

101～103円の買いがすべてヒットし、株価は100円に値下がりした

先読みができます。

だから、このまま売り物が出てくると、エントリーしたときの株価である１０３円を割り込んで、１０２円あるいは１００円まで値下がりしていくことも考えられるので、このタイミングで同値で売りに行きます。

幸い、ここでは買い板が厚く、１０３円に４枚の買いがあります。したがって、１０３円で買った２枚を、１０３円にある４枚の買いにぶつけます。そうすれば、１０３円で買った銘柄２枚を、１０３円で２枚とも売却でき、同値取引は成功します。

もし、ここで同値取引をしなかったら、損失を被っていた恐れがあります。その後の動きは、103円、102円、101円の買い板がことごとくヒットされ、株価は100円まで値下がりしてしまいました（図３－６）。

同値で売れなかったら、このまま100円まで売れなくなるケースも十分に考えられるのです。もし100円で売ることになったら、結局３円の損失です。

もともと３円の儲けを狙ってエントリーしたのですから、せいぜい２円の損失で投げないと割が合いません。

短期トレードでは、最初に想定したリターンよりも少ないロスで損切りしないと、取ったリスクが見合わないことになります。だから、同値であれば十分にＯＫなのです。

午後1時から2時くらいに練習しよう

同値売買の練習で重要なポイントがあります。それは、練習する時間帯です。同値売買はあくまでも練習ですから、できるだけ損をしない環境の下で行うのが得策です。

となると、寄付き直後は避けるべきでしょう。というのも、寄付き直後は、株価のボラティリティが高くなるからです。朝は出来高もそれほど大きくないので、どうしても株価がブレてしまうのです。

こういう状況で同値売買をしようとすると、一瞬で同値を突き抜けて株価が下がってしまうケースもあります。

どの時間帯がいいのかということですが、あまり株価が動かないところですから、午後1時から2時くらいでしょう。

この時間帯は、なぜか場にまったり感があって、よほど何かニュースでも飛び込んで来ない限り、株価の動きも緩慢になります。

なお、**練習する銘柄は、出来高が最低でも3000単位以上はあるものを選んだほうがいいでしょう。** 1000単位でもできないことはないのですが、同値売買の練習を行うなら、できればある程度ティックがある3000単位の出来高を持つ銘柄のほうが、やりやすいと思います。

同値売買の練習で大事なこと

大前提は損失を少なくすること

同値売買の大前提は、損失を少なくすることです。

繰り返しになりますが、買い板が厚い銘柄なら、いつでも投げることができます。買い板に１００株ずつしか注文が並んでいないような銘柄だと、売りが入った瞬間、大きく下げてしまいます。だから、買い板が厚く、トレンドが強いと思われる銘柄を選ぶようにするのです。

これは同値売買の練習に限ったことではなく、実際のディーリングでも重要なことなのですが、期待値以上の損失を被ってはいけません。

たとえば、１０３円で買いエントリーした後の売り板が１０６円だとしたら、この時点で３円を取れる可能性があるわけです。

そうである以上、損失は3円以内に収めなければなりません。
つまり100円まで値下がりする前に売却するべきなのです。つまり、期待値以上の損失を被ってはいけないということです。

これがデイトレーダーの基本で、勝率を5割以上にしたかったら、これは絶対に守らなければなりません。もし、3円以内の損失で切れなかった場合には、とにかく売ること。ずるずると損失を抱えたままで引っ張るのだけは避けてください。

練習でも売買の記録を付ける

板読み投資の練習段階では、変にストーリーや心理戦を考えるのではなく、シンプルに板だけを見てトレードするようにしてください。

そして、**とにかく回数を重ねること。そうすると徐々に慣れてくるので、恐らく自分に合った板や銘柄が何か、見えてくるはずです。**

なので、同値売買の練習をする銘柄についても、特定の銘柄ばかりではなく、スクリーニングして他の銘柄が引っ掛かってきたら、同じように同値売買の練習をしてみてください。

そのうち、自分の得意な銘柄がわかり、その分だけ自分の引き出しも増えていきます。

あとは、**勝つパターン、負けるパターンがわかってくるので、とにかく売買の記録を付けることが大事です。**どこで買って、どこで売ったのかを、勝ったトレードだけでなく、負けたトレードでもきっちり付けるようにして、時間のあるときに目を通すようにしてください。

それを繰り返し、回数を重ねていくと、「ここは入ってはいけないところだ」とか、「ここならいける」ということが、見えるようになります。

逆に、この練習を経ずに、板読み投資をやっても、勝つのは非常に困難だと思います。

板読み投資で大事なことは、とにかく何回も何回も、同値でしのぐことです。

そして、ポンと株価が上昇したときに売って利益確定させるものだけを残していけば、自然と利益が積み上がっていきます。

チャートを見ているだけでは、恐らくこの手のトレードはできません。だからこそ、板読みが重要なのです。

成功への近道は、利益も損失も増やすこと

勝率が100%の人は大きく儲けられない

ちょっと違う話をしましょう。

どうすれば儲かるトレーダーになれるのか、という話です。

どうすればいいと思いますか？　テクニカルを勉強する？　それとも企業のファンダメンタルズから将来の価値を見出す目を持つようにする？

これは私が株式ディーラーだった時代の話ですが、将来、これだけインセンティブを稼ぎたいという金額の目標があるならば、それに向けてコツコツ努力するのも大事だけれども、他の方法もあるのではないかと考えてみたのです。

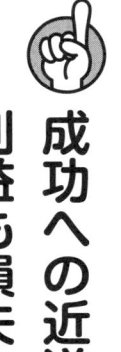

その方法とは、利益をコツコツ積み上げていくのではなく、利益と同時に損失も増やしていくことでした。

極端な例を言いますと、１００万円を儲けたい人がいるとしましょう。その人はいま、50万円が利益で、損失がゼロ。勝率は１００％です。恐らく「すごい！」って思う人もいるのでしょうが、実は全くすごくありません。というか、この人は今後、どれだけ頑張ったとしても、50万円を大きく超えて儲けることはできないと思います。なぜなら、勝率が１００％だからです。

このように言うと、今度は「勝率が１００％なのに、どうしてダメなの？」という質問が飛んできそうです。

確かに、勝率は高いに越したことはないと考えるのが普通です。実際、ディーラーの仲間うちでも、勝率を競う傾向はあります。

でも、いくら勝率が１００％でも、ある程度、損失の額も増やしておかないと、50万円から

100万円、200万円、500万円というように、儲けを厚くすることはできません。

本当に100万円の利益を上げようとするのであれば、一度も損をすることなく、コツコツと100万円を積み上げていくのではなく、利益が200万円、損失が100万円で、差し引きの利益が100万円になるように、利益と損失の両方を増やしつつ、トータルで利益が増えるように損失をコントロールするのです。

利益をどんどん積み上げていき、最終的に損失額を調整することによって、自分が目標とする金額にするのが、利益を伸ばしていくうえで大事なことなのです。

取引の回数を増やすことに尽きる

「絶対に損はしたくない」と考えて、ようやく100万円の利益を手にする。

いろいろな投資法を試して、200万円の利益を上げながらも、一方で勉強代として100万円の損失を被り、結果的に100万円の利益を残す。

同じ100万円の利益なら、どちらが気持ち的に楽かといえば、それはやはり後者でしょう。

利益を膨らませるということは、一方でいくら損失を被ったとしても、実際にそれだけの利益を得る力があるということです。

だから、**利益と損失の両方を大きく膨らませることが、稼げるディーラーになるための近道だと考えたのです。**

利益と損失の両方を膨らませられるようになるには、とにかく取引の回数を増やすことに尽きます。

とにかくずっと売り買いを繰り返していると、勝手に膨らんでいきます。

だから、これを実現するのは、それほど難しいことではありません。

そして、トレードの回数を増やしていけば、板読みの技術も上がっていきますから、まさに一石二鳥なのです。

性格に合わせてポジションを増やす

トレーダーのタイプは2つに分かれる

板読み投資の勘所が徐々にわかってきたら、次はポジションを少し増やしてみましょう。

ただ、このときに考えなければならないのは、1銘柄で株数を増やすのか、それとも売買対象となる銘柄数を2～3銘柄に増やすのか、そのいずれを選ぶかです。

これは正解というものがなく、基本的には人それぞれです。

とはいえ、これまで私が見てきた感じで言うと、人の性格によってどちらを選んだほうがいい、ということはありそうです。

トレーダーのタイプは2つに分かれます。**損したときに熱くなるタイプか、それとも冷める**

タイプかです。大半の人は、このいずれかに該当します。

私の周りには、どうも熱くなるタイプの人のほうが多く、このタイプの人は負けてもトレードを続けます。**負けると勝つまでやろうとしますから、出入りの激しいトレードになります。**コツコツと利益を積み上げていくなんて頭は、このタイプの人にはありません。ドーンと儲かったと思ったら、ドーンと大きな損失を被ります。とにかく、利益と損失が滅茶苦茶大きくなります。

一方、冷めるタイプの人は、「なんだ、今日はもうつまらないから止める」などといって、その日のトレードをきちんと止められます。だから、**負けて冷める人は、コツコツ利益を積み上げていけるタイプで、意外とお金が残ります。**

さて、あなたはどちらのタイプでしょうか？

前述したように、**どちらが良い悪いという話ではありません。大事なことは、自分のタイプをしっかり理解しているかどうか、ということです。**理解さえできていれば、あとはそのタイプに合ったやり方をすればいいだけのことです。

熱くなるタイプの人は銘柄を増やす

熱くなる人は、ポジションを大きくしていくにあたって、1銘柄の株数を増やすのではなく、取引する銘柄数を増やしたほうがいいと思います。

恐らく熱くなる人は、取引する株数を増やして損を被ると、株数を増やした分だけ損失額も大きくなるので、「ここで止められるか」となりがちです。

これは非常によろしくないので、**熱くなるタイプの人は、複数銘柄で取引するようにお勧めします。銘柄を分散させれば、その全部で損失を被ることもなくなるので、熱くなりやすい人でも冷静さを保てます。3銘柄くらいに分散させておけばいいでしょう。**

ただし、3銘柄でも同時並行で板を見るのは、それはそれで大変ですから、あまり株価のボラティリティが高い銘柄は避けるようにしましょう。できれば多少、値動きが遅く、ボラティリティの低い銘柄を探すようにします。

冷めるタイプの人は株数を増やす

損をすると冷めるタイプの人は、熱くなるタイプの人に比べて勝率は高くなる傾向がありま す。損をすると怖くなって動けなくなるのですから、それは当然です。

ただ、大きくやられることもありませんが、利益と損失が増えにくくなります。そうなると、なかなか目標金額を達成できないということになります。

なので、**冷めるタイプの人は、１銘柄で株数を増やすほうがいいでしょう。**

また、このタイプの人は、損をすると怖くなって張れなくなりますから、**最初から張る練習を、ある程度しておいたほうがいいと思います。**

性格はそう簡単に変えられないので、**ポジションを増やすときには、自分の性格に合わせて増やしましょう。** 冷めるタイプなのに複数銘柄で取引したり、熱くなるタイプなのに株数を増やして取引したりする必要はありません。

このことは、株式ディーラーのとき、私は自分の後輩にもよく言っていました。トレードは、自分の性格に合わせてやることが大事です。

調子のいいときほど ポジション管理に気をつける

ポジション管理に気をつける

トレードを繰り返していると、調子がいいときと悪いときが必ず出てきます。

トレードの調子がいいときは、絶対に勝てるという妄想にとりつかれることがあります。

確かに、勝てるときもあるのですが、冷静に考えれば、勝てないこともあるわけです。だから、ポジション管理には十分な注意が必要です。

特に、株価が高くなっているときは、なおのこと注意するべきでしょう。

売買を繰り返していると、買って、上がって、売って、また買って、上がって、売って、ということを繰り返して、コツコツと儲けを積み重ねているうちに、いつの間にか株価が相当、高い水準にまで行っているケースがあります。

こうなると、含み益がかなりあって儲かっているという気分から、ついリスク管理が甘くなり、一気にポジションを高めて投資してしまうのです。

ここが落とし穴で、**バーンと一気に買いに行ってポジションを高めてから、他の投資家が全くついてこない状況になると、そこから株価が急落して、滅茶苦茶やられるのが普通です。**

結果、これまでの儲けを全部吐き出す羽目になります。

だからポジション管理には十分気をつけるべきですし、高値に近いところで、さらに値上がりしているからポジションを高めるという場合は、最悪でも最初に買ったときと同じ株数にすることが肝心です。

もちろん、同じ銘柄を買い上がっていく場合は、徐々に買う株数を減らしていくというアドバイスもあります。

それはもちろんその通りであり、ここで言う追加投資は、最初にその銘柄を買ったときの株数は超えないようにしたほうがいいでしょう。

端末が動かなくなることを想定しておく

想定していないとメンタルを崩す

加えて、これも経験しないとわからないことなのですが、端末がストップしてしまったときの対処法も、きちっと押さえておくべきです。

これは、プロの端末でもよく起こることです。システム不調で端末が止まってしまうケースがあるのです。

もちろん、株式市場では変わらず取引が行われています。ただ、自分の端末だけが何かの拍子でトラブってしまい、システムダウンしてしまうことが、実際に起こるのです。

これでメンタルを崩してしまう人が、実はけっこういます。

短期トレードをしている人にとっては、全く取引できない時間を過ごすというのは、この上なく不安な気持ちにさせられるのです。普段、持たないような長い時間、何もできないことのもどかしさは、想像を絶するものがあるのです。

特に激情型の人は注意してください。「なんだ、バカヤロー」などと大声を出して、自分の端末を叩いても、問題は解決しません。これは、すべて仕方がないことなのです。

私が経験したシステムトラブル

私も経験があります。アイ・シー・エフ（オーベン）という銘柄を取引していたときのことです。

滅茶苦茶、株価が動いていたので、その値動きを狙って、大量に買っていました。その途端、いきなり端末が動かなくなったのです。それも、私の端末だけが動かなくなり、他のディーラーの端末は正常に稼働していました。

発注が全くできない状況になり、あっという間に数十万円の損失を被る羽目になったのですが、原因を追究していくと、どうやら私の上司が、システムのことを全く知らないのにいじくったらしく、それが原因でシステムダウンを引き起こしたらしいのです。

損失が自腹の会社でしたので、会社から損失分を補償してもらいました。ただ、このときの経験で、システムトラブルを他の人のせいにしても仕方がないと思うようになりました。システムトラブルは起こることなのだという前提で、そのリスクを自分でヘッジするしかないのです。

具体的には、他の証券会社にも口座を開いておき、そこで空売りを入れてヘッジするとか、個別銘柄で空売りができない銘柄だったら、指数を売るといった方法も考えられます。

また回線問題についていえば、自宅回線が動かなくなった場合には、モバイル端末でトレードするとか、代替手段をいくつか考えておくといいでしょう。

板読み投資で成行注文はしないこと

誤発注は必ず起こる

これも昔あったトラブルを戒めにしたい誤発注の話です。

昔、証券会社のディーラーは、証券取引所にダイレクトに注文を出すことができました。当然、そのほうが1秒でも早く取引所に注文が届きます。

ディーラーは、1分1秒でも早く自分の注文を約定させたいと考えているので、当然、証券取引所とダイレクトにつながっている端末があったら、もうバシバシ使うわけです。

ただ、それは正直、誤発注のもとになりますから、金融庁からは厳しく「気をつけろよ」というお達しが来ていましたし、証券会社の管理部門からも「お前ら、端末間違えるなよ」と厳命されていました。その後、誤発注が起こらないようにフィルターがかかった発注専用端末が整備されました。

だからといって、**誤発注したことのないディーラーは、恐らくいないでしょう。**私もやってしまったことがあったくらいですから。

といっても、私がやった誤発注は、金額を少し多めに間違った程度なので、ジェイコム事件のような、とんでもない事態に発展することもなく、とりあえず事態は収束しました。

でも、なかにはとんでもない誤発注もあったのです。

確か、銘柄はメディネット（2370）だったと記憶しています。私の後輩がしでかしたミスなのですが、なんと発行済み株式数の半分もの売り注文を入れてしまったのです。

「ヤバイっすよ。どうしたらいいんですか。ヤバイ、ヤバイ」

と、本人は顔を真っ青にして、アワワワ状態です。

「取り消しができないなら、メディネットを買えー！！！」

という号令一下、誤発注をしたディーラーがメディネットの株式を買いました。

最終的には、売りの誤発注をしてしまった、発行済み株式の半分もの売りに対して、同数の買いを成立させ、事なきを得ました。

この一件は、後になって思うと笑ってしまうのですが、実は日本経済新聞の夕刊にも載りました。「メディネット株に超大口のクロス」などと書かれていて、いかにも裏側でとんでもない株式の動きがあったような、それが思惑を生んでいるみたいなストーリーになっていました。でも、本当は単に誤発注によるドタバタ劇が、私の所属していた証券会社のディーリングルームで起こっていただけの話なのです。

ちなみに、このドタバタ劇は、時間にしてたったの5分程度でした。

いま、こうして本の原稿として書いていると、正直、少し笑えてしまうのですが、実際、誤発注をやってしまった当人は、完全なパニック状態に陥っていました。

ただ、唯一の救いは、成行注文ではなかったことです。

ジェイコム事件のときは、システムの不備もありましたが、成行のような注文になっていたのでしょう。だから、株価が下限一杯まで下げたのです。

注文は成行ではなく、指値で入れる

この手の間違いは、1分1秒を争ってトレードを繰り返している以上、どこかで起こる恐れがあります。**誰でも間違えるリスクを抱えているのですから、被害を最小限に抑えるためにも、注文は成行ではなく、指値で入れるべきなのです。**

指値注文というと、取引が成立するのに時間がかかって指値が間に合わないことがあり、非効率というイメージから、デイトレードには向かない発注方法だと思っている人もいるのではないでしょうか。実は、それこそが誤解です。

デイトレーダーのなかでも、超短期でトレードを繰り返す投資家は、1回の取引の値幅が小さいので、誤発注をするとかなり大きなハンディを背負うことになります。

だからこそ、指値注文で取引する必要がありますし、実際問題、常に相場を見ていられるデイトレーダーほど成行で注文する必要がないのです。

なぜなら、特に板読み投資は、この株価で買い、この株価で売るということを明確に定めたうえで、トレードを行うからです。

逆に、この株価で買おうと思っていたのに、その注文が成立しない場合は、むしろエントリーしないほうがいいというくらいに考えていいと思います。

何よりも、成行で注文を入れたりしたら、想定より安く約定してしまう可能性があり、非効率なので、そもそもデイトレーダーにとって成行注文は適していないのです。

第4章

CHAPTER 04

銘柄選びの基本テクニック

板読みに適した銘柄の見つけ方

見つけ方①　TOPIX100銘柄は投資対象から外す

板読みの大前提として、最初から超大型株は捨てましょうと申し上げておきます。具体的には、TOPIX100の構成銘柄です。

TOPIX100とは、東証1部上場銘柄のなかで、時価総額が大きく、かつ流動性の高い大型株100銘柄で構成された株価指数です。トヨタ自動車（7203）や富士フイルムホールディングス（4901）、新日鐵住金（5401）、日立製作所（6501）、東日本旅客鉄道（9020）など、日本を代表する大企業が軒並み含まれています。

この手の銘柄には、前述したアルゴリズム・トレードのうち、儲けたいアルゴリズムも、買いたいアルゴリズムも、すべて含まれています。

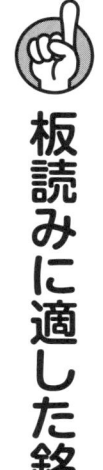

実際に、これらの銘柄の板情報を見るとわかるのですが、のべつまくなし、チカチカ数字が変わっていて、もはや人間の目で追って板を先読みすることは、ほぼ不可能といってもいいでしょう。

確かに、板読みのトレーニングをひたすら積んでいけば、それでもなんとなく株価が上に行きそう、下に行きそうというのはイメージできるようになりますが、それでも実際に売買するのは、個人では非常に難しいですし、プロでもなんとかなるかも知れないという動きなので、これらの銘柄は外していいと思います。

株式に投資をする場合、よく「スクリーニングをする」といいます。

たとえば、「低ＰＥＲ」「低ＰＢＲ」「高ＲＯＥ」「業績は5期連続最高益更新」といった諸条件をインプットして、それに合う銘柄を抽出していくわけですが、**板読みの場合は、まずＴＯＰＩＸ100の構成銘柄は、無条件で対象から外します。**

見つけ方②　出来高が最低でも1000単元になる銘柄を選ぶ

そのうえで、1単元＝100株でも、1単元＝1000株でも、最低1000単元の出来高

がある銘柄を選ぶことが大事です。株数にすると、1単元＝100株なら10万株、1単元＝1000株なら100万株です。そうすると、ティックがしっかり出るようになります。

デイトレードに適した銘柄になると、さらにその5倍、10倍くらいの出来高があると、板が見やすくなります。

見つけ方③　株価が5000円以上の銘柄を選ぶ

それと、もう1つ重要なのが株価です。

1円単位で株価が動く銘柄がいいとか、ロットを大きくすると損失が怖いから100株単位で勝負したいという気持ちはわかるのですが、株価が200円、あるいは300円の銘柄で1%動いたとしても、せいぜい3円しか取れません。つまり100株で取引しても、利益は300円にしかなりません。

でも、**株価が5000円以上の銘柄になると、呼び値が10円単位ですから、100株で1000円ずつ動きます。できればそういう銘柄で勝負したほうが、効率よく稼げます。**

さらに踏み込むなら、投資金額も重要なポイントです。

株価が３００円の銘柄を１００株買った場合、投資金額は３万円です。

一方、株価が５０００円の銘柄を１００株買った場合の投資金額は50万円ですが、これを同じように１００株で売買する人がけっこういます。

１％上がったとき、投資資金が３万円なら３００円、50万円なら５０００円です。３００円の株価の銘柄を買うならば、せめて１００株ではなく１０００株にしたほうが、投資効率は上がります。

見つけ方④　ボラティリティの高い銘柄は狙わない

ただし、投資効率を上げたいからといって、ボラティリティの高い銘柄は、実はデイトレードなどの短期トレードには向かないケースがあります。

短期トレードの場合、短い時間軸で大きなリターンを狙うほうが効率的だと考えて、１日に10％も株価が動く銘柄で短期の勝負を仕掛ける人もいますが、トレンドが出ているときに飛び乗っても、突然、がくんと株価が大きく値下がりして、大損を被ることがあります。

板読みの短期トレードは、大きな値幅を取りにいくものではないので、わざわざ大きく損す

るリスクを抱えている、ボラティリティの高い銘柄は狙わなくてもいいのです。

それでも、ボラティリティの高い銘柄をトレードしたいという場合は、トレードの時間軸を、より短くするという方法はあります。ただ、それでも損切りしようと思っていたポイントが大きな売りでなくなってしまうなど、ボラティリティが時間軸を超越してしまうケースがあるので、やはりボラティリティの高い銘柄は、短期トレードには向かないのかも知れません。

ちなみに、私がボラティリティの高い銘柄でトレードをするときは、売買の回数を思い切り減らして、株価がここまで来たら買う、あるいは売るということを厳密に決めたうえでエントリーします。

見つけ方⑤ 値上がりしているセクターから探す

それと、やはりお金が流れ込んでいるセクター、銘柄を探さなければなりません。全体の相場観でいえば、日経平均株価などが値上がりしている局面でないと、利益は得にくくなる面はあります。

それと同じで、全く無視されているセクターや銘柄に入れ込んでも、他の投資家が全く見ていなければ、その銘柄の株価は動きません。つまり、全く儲からないことになります。

だから、**業種別のインデックスなどを見て、どのセクターが値上がり上位になっているのか、さらに同一セクターのなかで、最も値上がり率が高い銘柄は何か、という観点で銘柄を探すことは大事です。**

また逆に、**日経平均株価が下落するなかで、値上がりしているセクター、さらに値上がりしている銘柄というように落とし込んで、銘柄を発掘するという手もあります。**

もちろん、自分でどの程度のリスクが負えるのかなど、自分の投資スタイルがありますから、そこは一概に言えないのですが、投資する銘柄の株価水準や、自分が投資する金額は、いろいろと試行錯誤して、自分に合うスタイルを探すことをお勧めします。

強い板を見つけたら、とにかく買ってみる

板読み投資で大事なのは瞬時の状況判断

板読みに適した銘柄選択のプロセスは前述したとおりですが、これを読んで、「業績や財務の条件は？」と思った方もいるでしょう。

はい。**板読みでトレードをする場合、財務諸表を読み込むことも、将来の業績予測をすることも、いっさい必要ありません。**

というよりも、この手の数字をチェックして、「よっこらせ」とパソコンに向かっている間に、板の状況はどんどん変わってしまいます。

たとえば、自分が買いの注文を入れたとき、すかさず他の買いがピッと入ってきたら、買いたいと考えている人が他にも大勢いると考えられますし、逆に買った瞬間に、売りが出てきた

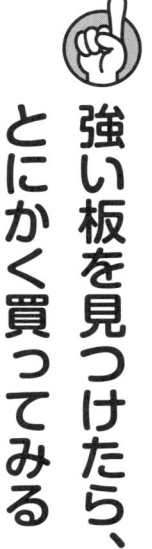

ら、この値段で売りたがっている人が大勢いることが考えられます。

板読み投資をする場合、何よりも瞬時の状況判断が大事なのです。画面に表示された板情報から、即座に売り買いを判断するスキルが欠かせません。

ちなみに私は、０・５秒で売り買いを判断できるように訓練しています。

株式ディーラーの投資行動には、多分にパブロフの犬的なところがあります。パッと板情報を見たとき、買い板が厚くて売り板が薄い、強い板の銘柄が目に留まったら、それだけで反応して、とりあえず買いに行きます。

そのときは、業績や財務諸表の内容なんかはいっさい考えていません。強い板なら、とにかく買ってみるのです。

買い板が厚ければ、あてが外れたときに逃げられる

もちろん、あてが外れることもたくさんあります。

ただ、買い板が厚ければ、売りたいと思ったときにいつでも売ることができます。つまり、

買った銘柄が見当違いだったとしても、すぐに切って逃げられるのです。

これは、デイトレードをするうえで、とても大事なことです。

これが本書の大きなテーマでもあるのですが、板を先読みすれば、それだけ小さいリスクでリターンを得ることが可能になるのです。

短期トレードで、エントリーするポイントはどこかというと、いろいろ言う人もいますが、結局のところ、強い板になったときに帰結します。

買い板が厚くなり、売り板が薄くなった瞬間を狙って、大勢の短期トレーダーが、買い板の上を狙ってきます。

だから、その一歩、二歩手前でエントリーできれば、買い板が厚くなったところに売りをぶつけ、スムーズにポジションを決済できるのです。

このスキルを身につければ、買い板が薄くて、売るに売れないという状況は避けられます。

私のトレード環境を公開します

誰でも入手可能な情報だけで十分

現代のトレーディングは情報戦です。

いや、昔から株式投資の世界では、さまざまな情報が飛び交い、それを誰よりも早く入手してポジションを取った投資家が大きく儲けていましたから、情報戦であることは今も昔も同じなのですが、情報の中身が大きく変わりました。

昔は、たとえば仕手筋の動きとか、あるいはこれは犯罪行為ですが、企業のインサイダー情報などを早く入手して投資するという類の情報戦が、展開されていました。

でも、板読みトレードをはじめとして、デイトレーディングやスキャルピングなどの短期トレーディングにおいては、この手の情報はほとんど必要としません。

何しろ、仕手筋だろうがなんだろうが、株式市場に参加している投資家の動きは、すべて板を見れば一目瞭然なのですから。

したがって、板読みトレードを行う際の情報戦は、オールドファッションな、それこそ20年前、30年前の投資家が行っていたような、いわゆる早耳情報とは違うものになります。要は、**誰でも入手可能な情報ではあるけれども、それをどう読むかという視点が問われるのです。**

そこで、私自身が日々トレーディングをする前、あるいは最中に、どのような情報に触れ、それをどのように使っているのかを公開したいと思います。

8画面の環境を構築

まず、トレードを行うデスク環境ですが、私はプロの株式ディーラーだったので、それと同じ8画面の環境を構築しています。もちろん、このような8画面のマルチスクリーンを自宅に設置するのは不可能という方もいらっしゃると思いますが、それはそれで大丈夫です。板情報の画面がメインで、それ以外の画面はときどきチェックする程度でいいからです。チェック項

図4-1　8画面配置のイメージ

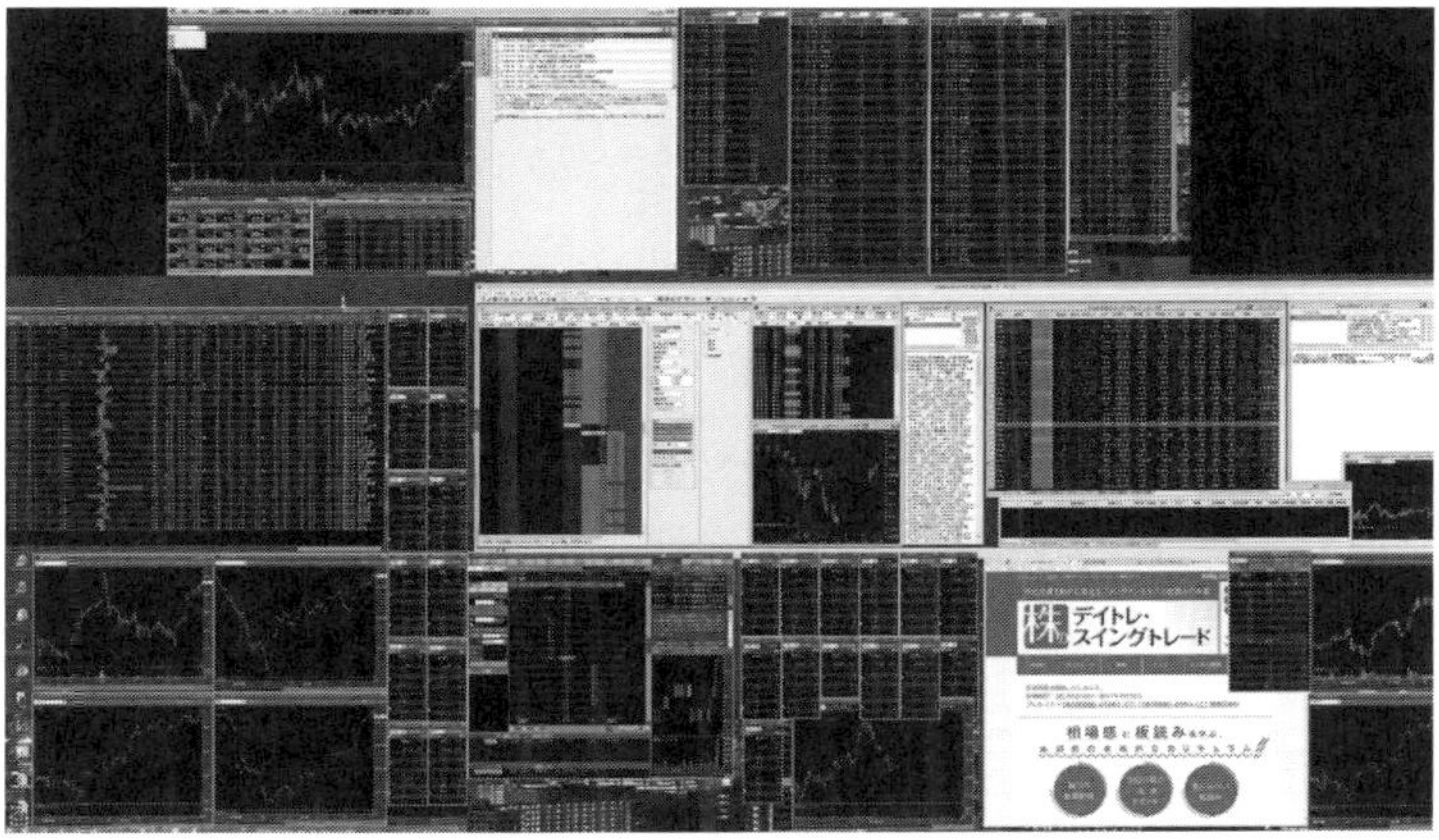

目は、後述します。

さて、この8画面がどのような配置になっているのか、というのがキモです。

私は、トレーディングツールはマネックス証券の「トレードステーション」と、カブドットコム証券の「ｋａｂｕステーション」を使っていますが、通常はトレードステーションをメインにしています。したがって、8画面の中身は、トレードステーションで見られるものを中心に表示させています。

モニターの並べ方は、頻繁に見る情報を画面の中央に持ってきています。

私の場合は「フル板」で、これは板読みトレ

図4-2 よく見る情報を中心に置く

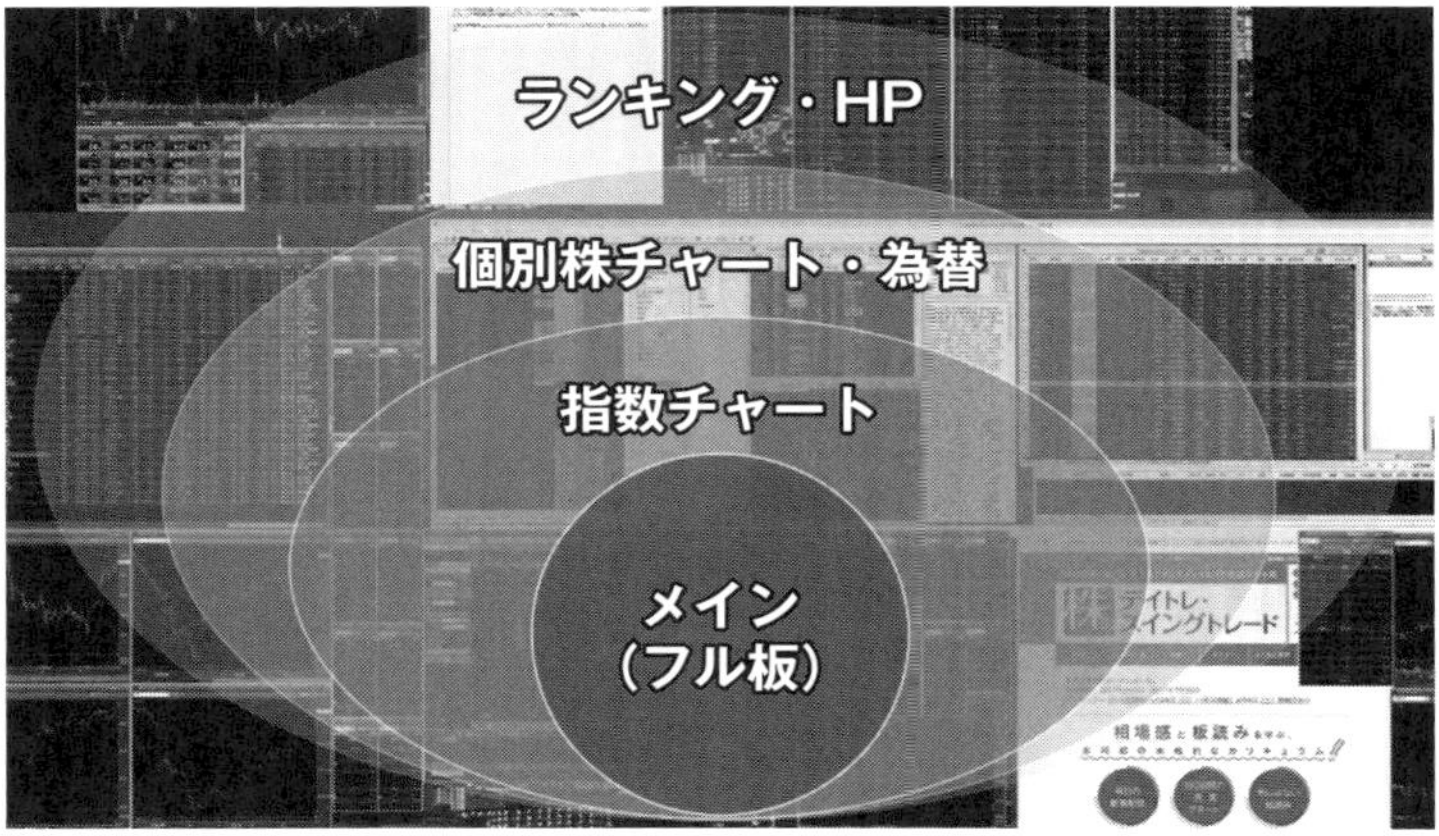

ードをするうえでは欠くことのできないツールです。ちなみにフル板とは、売り買いの株数がすべて表示されている板のことです。

これを8画面の中央に設置し、そこから外側に向けて、相対的に重要度が低く、見る頻度が少ない情報画面を配していきます。

私の場合は、中心から、フル板→指数チャート→個別株チャート・為替→ランキング・HPと配置しています。

ちなみに板情報については、すでに解説していますので、次節からは、板情報以外のもので、私が常時、あるいはときどきチェックしているものを取り上げて解説します。

ザラバ中のチェック項目

チェック項目①　日経平均先物価格

やはり、**全体相場は把握しておく必要があります。**当然、日経平均株価が強ければ、個別銘柄も強い板になる可能性が高いからです。これは、新興株式を中心に取引している投資家も同じで、日経平均先物取引の値動きは見ておく必要があります。

また、**相場は先物取引を中心にして決まる傾向が強いので、全体の方向性を把握するためにも、日経平均先物取引やニューヨークダウ先物取引の値動きはチェックしましょう。**なお、ニューヨークダウ先物取引は常時見る必要はなく、価格を把握する程度と考えておいてください。

チェック項目②　新興株指数

東証マザーズ指数、日経ジャスダック指数は、新興企業の株式を売買しているのであれば、常にチェックしておく必要があります。ちなみに、**これら新興株指数は、日経平均株価とは逆相関です。つまり、日経平均株価が強いときは新興株指数が弱く、逆に日経平均株価が弱いときは新興株指数が強くなる傾向が、顕著に見られます。**

また、マザーズ指数については、時価総額が高い、そーせいグループ（4565）、サイバーダイン（7779）、ミクシィ（2121）の動きにも注目しておいたほうがいいでしょう。

チェック項目③　TOPIX規模別指数

TOPIXコア30やTOPIXミッド400、TOPIXラージ70、TOPIXスモールといった規模別株価指数にも、ざっと目を通して、大型株、小型株のどちらに資金が集まっているか確認します。

TOPIXコア30とTOPIXラージ70を合わせて、TOPIX100大型株という別の指数が構成されます。基本的に両方とも大型株ですが、TOPIXコア30は、さらにそのなかでも時価総額や流動性がより高い30銘柄で構成されています。その他、TOPIXミッド400は中型株400銘柄、TOPIXスモールは小型株によって構成されています。

これは、1台のモニター画面のなかで一覧できるように並べておくといいでしょう。

チェック項目④　為替

とりあえず、ドル円はチェックしておきましょう。といっても、**為替の監視は常に必要なわけではなく、たまに1分足チャートを視覚的に確認する程度で十分です。**

同時に、大きく円高、円安が進んだ場合、それに対して感応度の高い銘柄にトレードのチャンスが生まれるので、トレードの対象になりそうな銘柄をピックアップしておきましょう。

チェック項目⑤　東証33業種別株価指数

東証上場銘柄を33業種に分類し、それぞれについての株価指数が算出されています。**これを見ることによって、どのセクターに資金が向かっているのかを把握できます。**

また、為替や金利、日経平均株価の水準によってセクターの強弱が変わるので、その傾向を把握しておくことが大事です。

チェック項目⑥　イベント

イベントといってもいろいろなものがありますが、ここでは「日銀金融政策決定会合」「経済指標」「中国株・人民元」という3つに注目しておきたいところです。

・日銀金融政策決定会合　日本銀行の金融政策を決定する重要会合です。政策金利である無担保コール翌日物金利の誘導目標変更など、金融政策を変更する際のマーケットに及ぼす影響は非常に大きなものがあるので、日銀総裁の発言内容などには注意しておきましょう。

・経済指標　ザラバ中に経済指標が発表されるケースはほとんどないので、ザラバのマーケット動向に及ぼす影響は比較的軽微と思われますが、マーケット関係者の事前予測に対して、実際の経済指標が大きく乖離すると、株価などに大きな影響を及ぼすことがあります。また、中国に注目が集まっているときは、中国の経済指標にも注意しておく必要があります。

・中国株・人民元　中国株の寄付きは午前10時30分。上海A株のプレオープンは10時25分ごろです。中国関連のネガティブなニュースが出ているときは、中国株の取引がスタートした直後、その株価動向が日本の株式市場に影響を及ぼすこともありますので、チェックしたほうがいいでしょう。

ポジション保有を検討するときのチェック項目

チェック項目①　東証33業種別株価指数

33業種の株価の値動きによって、資金がどのセクターに集まっているのかをチェックします。為替、金利、日経平均株価の値動きによって、セクターごとの株価の強弱が変化します。**日経平均株価が下がっているのに、上昇している業種などに注目しましょう。**

チェック項目②　同業他社の株価水準

注目セクターが見つかったら、そこに属している企業の株価に注目します。具体的には、**同業種の大型株から小型株までの値動きをチェックします。**これは、マネックス証券の「トレードステーション」のホットリストを利用し、「業種」でソートをかけて特徴を把握します。

図4-3 同業他社の株価水準をチェック

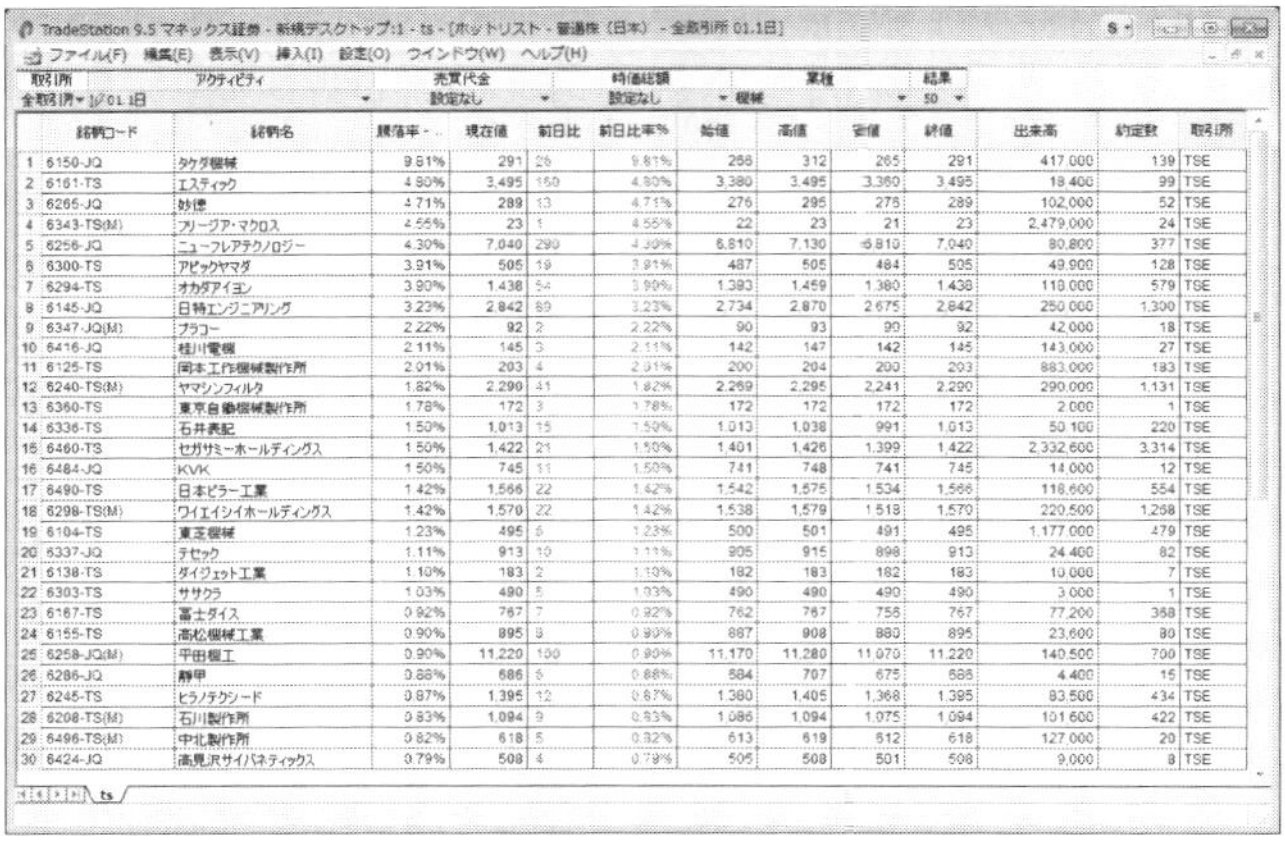

TradeStation 9.5 マネックス証券 - 新規デスクトップ:1 - ts - [ホットリスト - 普通株（日本） - 全取引所 01.1日]

ファイル(F) 編集(E) 表示(V) 挿入(I) 設定(O) ウインドウ(W) ヘルプ(H)

取引所	アクティビティ	売買代金	時価総額	業種	結果
全取引所	1/01.1日	設定なし	設定なし	機械	50

	銘柄コード	銘柄名	騰落率 -	現在値	前日比	前日比率%	始値	高値	安値	終値	出来高	約定数	取引所
1	6150-JQ	タケダ機械	9.81%	291	26	9.81%	266	312	265	291	417,000	139	TSE
2	6161-TS	エスティック	4.80%	3,495	160	4.80%	3,380	3,495	3,360	3,495	18,400	99	TSE
3	6265-JQ	妙徳	4.71%	289	13	4.71%	276	295	276	289	102,000	52	TSE
4	6343-TS(M)	フリージア・マクロス	4.55%	23	1	4.55%	22	23	21	23	2,479,000	24	TSE
5	6256-JQ	ニューフレアテクノロジー	4.30%	7,040	290	4.30%	6,810	7,130	6,810	7,040	80,800	377	TSE
6	6300-TS	アピックヤマダ	3.91%	505	19	3.91%	487	505	484	505	49,900	128	TSE
7	6294-TS	オカダアイヨン	3.90%	1,438	54	3.90%	1,393	1,459	1,380	1,438	118,000	579	TSE
8	6145-JQ	日特エンジニアリング	3.23%	2,842	89	3.23%	2,734	2,870	2,675	2,842	250,000	1,300	TSE
9	6347-JQ(M)	プラコー	2.22%	92	2	2.22%	90	93	90	92	42,000	18	TSE
10	6416-JQ	桂川電機	2.11%	145	3	2.11%	142	147	142	145	143,000	27	TSE
11	6125-TS	岡本工作機械製作所	2.01%	203	4	2.01%	200	204	200	203	883,000	183	TSE
12	6240-TS(M)	ヤマシンフィルタ	1.82%	2,290	41	1.82%	2,269	2,295	2,241	2,290	290,000	1,131	TSE
13	6360-TS	東京自働機械製作所	1.78%	172	3	1.78%	172	172	172	172	2,000	1	TSE
14	6336-TS	石井表記	1.50%	1,013	15	1.50%	1,013	1,038	991	1,013	50,100	220	TSE
15	6460-TS	セガサミーホールディングス	1.50%	1,422	21	1.50%	1,401	1,426	1,399	1,422	2,332,600	3,314	TSE
16	6484-JQ	KVK	1.50%	745	11	1.50%	741	748	741	745	14,000	12	TSE
17	6490-TS	日本ピラー工業	1.42%	1,566	22	1.42%	1,542	1,575	1,534	1,566	118,600	554	TSE
18	6298-TS(M)	ワイエイシイホールディングス	1.42%	1,570	22	1.42%	1,538	1,579	1,518	1,570	220,500	1,268	TSE
19	6104-TS	東芝機械	1.23%	495	6	1.23%	500	501	491	495	1,177,000	479	TSE
20	6337-JQ	テセック	1.11%	913	10	1.11%	905	915	898	913	24,400	82	TSE
21	6138-TS	ダイジェット工業	1.10%	183	2	1.10%	182	183	182	183	10,000	7	TSE
22	6303-TS	ササクラ	1.03%	490	5	1.03%	490	490	490	490	3,000	1	TSE
23	6167-TS	富士ダイス	0.92%	767	7	0.92%	762	767	756	767	77,200	368	TSE
24	6155-TS	高松機械工業	0.90%	895	8	0.90%	887	908	880	895	23,600	80	TSE
25	6258-JQ(M)	平田機工	0.90%	11,220	100	0.90%	11,170	11,280	11,070	11,220	140,500	700	TSE
26	6286-JQ	靜甲	0.88%	686	6	0.88%	684	707	675	686	4,400	15	TSE
27	6245-TS	ヒラノテクシード	0.87%	1,395	12	0.87%	1,380	1,405	1,368	1,395	83,500	434	TSE
28	6208-TS(M)	石川製作所	0.83%	1,094	9	0.83%	1,086	1,094	1,075	1,094	101,600	422	TSE
29	6496-TS(M)	中北製作所	0.82%	618	5	0.82%	613	619	612	618	127,000	20	TSE
30	6424-JQ	高見沢サイバネティックス	0.79%	508	4	0.79%	505	508	501	508	9,000	8	TSE

ts

（出所）マネックス証券「トレードステーション」のホットリスト画面。

チェック項目③ グルーピング銘柄群

さらに、セクターが違ったとしても、同時期に上場したＩＰＯ銘柄群については、同じような値動きをする傾向が見られるため、**過去に同じ値動きをした銘柄があった場合はグループ分けをして監視します。**

チェック項目④ ニュース

投資対象が絞られたら、注文を出す前にニュース（材料）を確認すること。また、株価が変動したときも、合わせてチェックしたほうがいいでしょう。

発注する際の板と同時に確認できるような仕様にしておけば、リアルタイムでニュース

図4-4　チャートは1分足でチェック

（出所）マネックス証券「トレードステーション」のチャート分析画面。

も確認できます。アラート機能を用いて、関心の高いニュースが出たときに通知してもらえるようにしておくのも1つの手です。

チェック項目⑤　1分足チャート

いよいよチャートのチェックです。

3分足や5分足を使っている人もいますが、**3分以内に売るトレードをするのであれば、一番短い1分足を用いたほうがいいでしょう。**

ちなみにチャートは、今後の分析をするのではなく、**あくまでもチャートポイント（転換点）と値段を確認するために用います。**

チェック項目⑥　歩み値

歩み値とは、過去に成立した株価、売りと

図4-5 歩み値で勢いをチェック

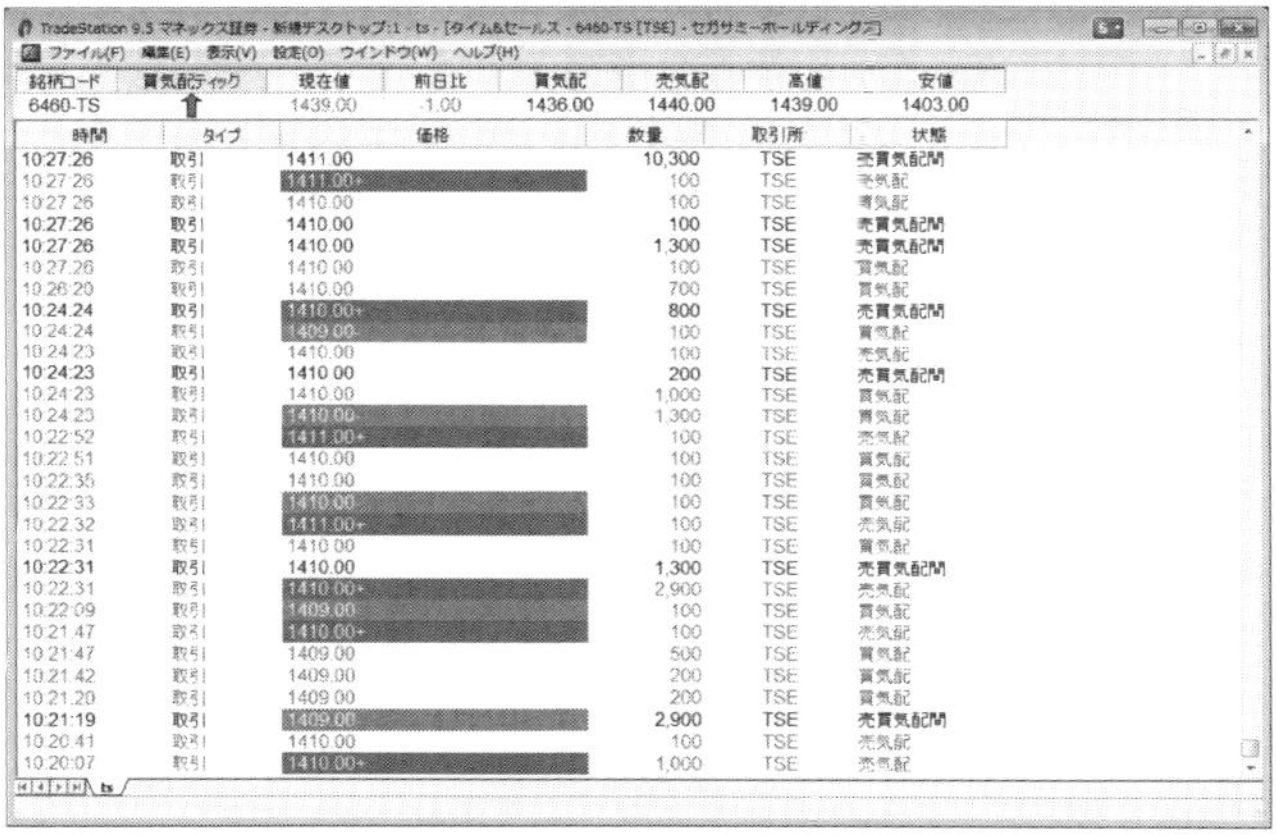

TradeStation 9.5 マネックス証券 - 新規デスクトップ:1 - ts - [タイム&セールス - 6460-TS [TSE] - セガサミーホールディングス]

ファイル(F) 編集(E) 表示(V) 設定(O) ウインドウ(W) ヘルプ(H)

銘柄コード	買気配ティック	現在値	前日比	買気配	売気配	高値	安値
6460-TS	⬆	1439.00	-1.00	1436.00	1440.00	1439.00	1403.00

時間	タイプ	価格	数量	取引所	状態
10:27:26	取引	1411.00	10,300	TSE	売買気配間
10:27:26	取引	1411.00+	100	TSE	売気配
10:27:26	取引	1410.00	100	TSE	買気配
10:27:26	取引	1410.00	100	TSE	売買気配間
10:27:26	取引	1410.00	1,300	TSE	売買気配間
10:27:26	取引	1410.00	100	TSE	買気配
10:26:20	取引	1410.00	700	TSE	買気配
10:24:24	取引	1410.00+	800	TSE	売買気配間
10:24:24	取引	1409.00-	100	TSE	買気配
10:24:23	取引	1410.00	100	TSE	売気配
10:24:23	取引	1410.00	200	TSE	売買気配間
10:24:23	取引	1410.00	1,000	TSE	買気配
10:24:23	取引	1410.00-	1,300	TSE	買気配
10:22:52	取引	1411.00+	100	TSE	売気配
10:22:51	取引	1410.00	100	TSE	買気配
10:22:35	取引	1410.00	100	TSE	買気配
10:22:33	取引	1410.00-	100	TSE	買気配
10:22:32	取引	1411.00+	100	TSE	売気配
10:22:31	取引	1410.00	100	TSE	買気配
10:22:31	取引	1410.00	1,300	TSE	売買気配間
10:22:31	取引	1410.00+	2,900	TSE	売気配
10:22:09	取引	1409.00-	100	TSE	買気配
10:21:47	取引	1410.00+	100	TSE	売気配
10:21:47	取引	1409.00	500	TSE	買気配
10:21:42	取引	1409.00	200	TSE	買気配
10:21:20	取引	1409.00	200	TSE	買気配
10:21:19	取引	1409.00	2,900	TSE	売買気配間
10:20:41	取引	1410.00	100	TSE	売気配
10:20:07	取引	1410.00+	1,000	TSE	売気配

（出所）マネックス証券「トレードステーション」のタイム&セールス画面。

買いの、株数を時系列に表示したものです。単なる数字の羅列にも見えますが、**相場の勢いとブレイク時の大きな板の買われ方を把握するのに用います。**

なお、勢いを把握する際には、細かいティックも見る必要があるため、株数のフィルターをかけずに利用します。

チェック項目⑦ 板

以上のチェックをしてから、いよいよ個別銘柄の板を見ます。**トレード用の板は「フル板」を用いること。それによって、引けの売買数量や、現値から離れた板も把握しておきましょう。**

情報を見る目を養うことが板読み投資で勝ち残る秘訣

確認する頻度はフル板が一番

さて、いかがでしたでしょうか。けっこう、チェックする項目が多いことに辟易された方もいらっしゃると思いますが、大丈夫です。**全部をきちんと、丁寧にチェックする必要はありません。項目ごとに頻度の多寡があります。**

確認する頻度としては、フル板が圧倒的に多くなりますし、逆にニュースはそれほど重視していません。ニュースはポジションを持つ前や、株価が急に動いた場合などにチェックしますが、それ以外のときはほとんど見なくてもすみます。

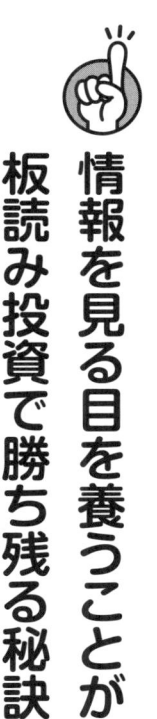

すでにおわかりになったかと思いますが、**ここに挙げた項目はすべて公開情報ばかりです。早耳情報の類はほとんどありません。**

昔、株式取引はかなり閉鎖的なイメージがあったのですが、これはいうまでもなく、一部の早耳筋にとって有益な情報がごく一部の人たちの間に流れ、それに基づいて取引した人たちだけが大儲けできるという構図があったからでしょう。

でも、いまはインサイダー取引規制も厳しくなっており、少なくともインサイダー情報に基づいた取引については、非常に厳しくなっています。

だからこそ、これから株式取引を行う人たち（特に若い人たち）は、情報を見る目を養っていただきたいと思います。

それが、板読み投資で勝ち残る秘訣でもあります。

第5章

CHAPTER 05

板読み投資の実践テクニック

サラリーマンでもできるデイトレ術

午前9時から10分間だけ勝負

ここまで本書を読んでくださった方のなかには、「デイトレードは日中、仕事をしている自分には関係ない」と思っている人もいるかも知れません。

確かにデイトレードというと、午前9時から午後3時まで、株式市場が開いている間はずっとパソコンの画面を見て、売買を繰り返しているというイメージが先に立ちます。

でも、実は会社勤めをしているサラリーマンでもできるデイトレード術があるのです。

この手法は、一日中マーケットに張り付かなくてもできるもので、トレードする時間が制約されるサラリーマンにとっては、まさにうってつけです。

勝負は、わずか10分程度で決まります。前場の取引がスタートする午前9時から9時10分の

間に利益確定、もしくは同値で撤退するという方法です。なぜ前場の寄付きなのか？　それは板が薄いため、10分間という短い時間で利益確定できる可能性が高いからです。

もちろん、そのためには「強い板」を見つける必要があります。復習になりますが、強い板とは、次の２つの条件を満たす必要があります。

①買い板が分厚いこと
②売り板が上に飛んでいること

売り板が上に飛んでいれば、上の株価を買いに来る投資家が出てきたとき、株価は簡単に値上がりして利益確定しやすくなります。

また、買い板が分厚ければ、９時10分までの間にうまく儲からなかったとしても、同値で撤退できる確率が高まります。

繰り返しになりますが、この手法は、あくまでも9時10分までの間に利益を確定させるか、もしくは同値に近いところで撤退するか、というものです。

9時10分を過ぎると、徐々に多くの投資家が参戦してくるため、薄い板を狙って利益を確定させるという、この手法そのものが困難になります。

買って保有するのではなく、9時10分までにきちんと勝ち負けをはっきりさせることを心掛けてください。

手順① 寄付き前に200銘柄程度を巡回チェック

ただ、この手法で利益を得るには、まず、強い板の銘柄を見つける必要があります。そのためには、数多くの銘柄を巡回して、投資予定銘柄を絞り込まなければなりません。

ちなみに私の場合、寄付き前に200銘柄程度を巡回してチェックします。

この作業は、午前8時くらいから行えば、だいたい8時15分くらいには一巡できます。ただし、巡回している間にも、前に見た銘柄の板が変化していくので、同じことを複数回繰り返します。時間的には8時30分に2回目の巡回チェック、8時45分に3回目の巡回チェックを行えばいいでしょう。8時45分くらいになると、多くの投資家が注文を出し始めるので、徐々に板がしっかりしてきます。

巡回チェックをしているときに、これは強そうだという銘柄が見つかったら、メモしておきましょう。

手順②　見つけた強い板の銘柄を寄付き条件でエントリー

そして、**場が開く直前、8時55分くらいには、メモした銘柄のなかから、どの銘柄にするかを精査し、投資することを決めた銘柄を「寄付き条件」で発注します。**

発注する際の注意点ですが、確実に買えるところに指値してください。

たとえば、第2章で解説したように、買い気配が750円だったら、751円で買い指値を入れるのです。そうすれば、買える確率がぐんと高まります。

無事に買えたら、今度は売りの機会を探す必要があります。

751円で買えた後、買い気配が752円、753円、754円というように、どんどん上に入ってきた場合は、利益を伸ばすようにします。

ただし、**深追いは禁物。いくら買い気配が上に切り上がっていったとしても、冒頭でも触れたように午前9時10分には利益を確定させてください。**

逆に、買った後、**売り板株数が増えるだけでなく、売り気配が755円、754円、753円というように、どんどん詰まってきた場合は、できるだけ素早く撤退しましょう。**

同値で売却できれば上等ですし、少なくとも751円で買ったのなら、750円程度で投げられるようにしたいところです。

ピッタリな銘柄は200銘柄のうち3銘柄くらい

寄付き段階での板読み投資は、前述の手順をすべてこなしても、恐らく9時10分過ぎにはケリをつけられます。しかも、うまくいけば9時3分くらいには終えられることもあります。

なので、「短期トレードなんて日中に仕事をしている人にはできない話だよ」と諦めていらっしゃるサラリーマンの方でも十分できると思います。

朝数分の取引で、ある程度の利益が稼げれば、その日は1日、楽しく仕事に打ち込めるでしょう。これこそ、本当の朝活です。

この方法を使えば、仕事をしている人でも、朝の隙間時間にトレードができます。実際、私が板読みトレードを教えている生徒さんのなかにも、仕事をしつつ、この方法でお小遣いを稼いでいる人がいます。

ただし、1つだけ留意点があります。

確かに、**トレード自体は9時の寄付きから9時10分くらいまでの間で終わりますが、このトレードに相応しい銘柄を探すのが大変だということです。**

だからこそ、さまざまな銘柄の板を、朝の8時くらいから巡回チェックする必要があるのです。恐らく、この取引にピッタリな銘柄は、200銘柄のうち3銘柄くらいのものでしょう。

ただし、こうして見つけられた銘柄は、まさにお宝ですから、必ずものにするようにしましょう。

朝10分の寄付きデイトレードは「買いの順張り」だけで十分

寄付き前の板のパターンは4つしかない

朝10分のトレードに臨むに際して、寄付き前の段階で強い銘柄、弱い銘柄の判別をするわけですが、実は寄付き前の板のパターンは、4つしかありません。

エッ？　って思う人も多いと思います。何しろ板といえば、本当にさまざまなパターンがあって、どこから見ていけばいいのか見当もつかないと思っている方が大半でしょう。

でも、これは嘘偽り全くないのですが、板のパターンは4つしかないのです。

結局のところ、株式市場に参加している投資家は、買い手と売り手しかおらず、戦略でいえば順張りか、逆張りかのいずれかなので、これらを組み合わせると、

・買い板の順張り
・買い板の逆張り
・売り板の順張り
・売り板の逆張り

というように、４つの戦略に集約されるのです。

たとえば、前日の終値が１００円だったとしましょう。そして、アメリカのＣＭＥ（シカゴ・マーカンタイル取引所）で売買されている日経平均先物にも、大きな変動がなかったとします。それを前提にして買い板を見ると、前日終値の１００円よりも上に、買い板があります。具体的には、１０１円に9枚、１０２円に14枚、１０３円に3枚です。

ということは、今日はこの銘柄を買いたいと思っている投資家が大勢いるのではないかと考えることができます。

これを順張りで買うか、それとも逆張りで買うかという2つの戦略を取ることができます。

図5-1 寄付き戦略は4パターンのみ

●強い板
＋順張り or 逆張り

売り気配	価格	買い気配
10(成行)		
2	106	
	105	
	104	
	103	3
	102	14
	101	9
	100	35
	99	5
	98	
	97	46
	96	
	95	3
	94	

前日終値

●弱い板
＋順張り or 逆張り

売り気配	価格	買い気配
10(成行)		
3	106	
14	105	
9	104	
35	103	
5	102	
14	101	
9	100	
35	99	
5	98	
5	97	3
	96	14
	95	
	94	5

前日終値

順張りであれば、恐らく103円以上の株価に指値を入れるでしょうし、逆張りなら、それよりも安い株価で指値を入れます。

これとは逆に、同じく前日の終値が100円だったとしても、今日の寄付き前の板が、100円よりも下に売り指値が入っていたとすると、売りたい人が大勢いるのではないか、と読むことができます。

そして、これを順張りで売るか、逆張りで売るかという2つの戦略があります。順張りで売るなら、掲載した板にもあるように97円で売り指値を入れますし、逆張りで売るなら、それよりも高い株価に売り指値を入れます。

このように、**戦略は４つしかないわけですが、このなかから選ぶべきものは1つしかありません。それは買い板の順張りです。**

なぜなら、**買い板の順張りのほうが、圧倒的に勝率が高くなるからです。**

もし寄付きでデイトレードをするのであれば、買い板の順張り以外の戦略は、このように存在はしているけれども、やる必要はいっさいありません。

買い板の順張りが圧倒的に高い勝率になる理由は、売り手よりも買い手のほうが素直だからです。

もちろん、売り板の順張りのように、売りたい投資家が大勢いるから、売り板が優勢になっているというケースもあります。でも、一方で、なぜか頑張って逆張りしている投資家も大勢いるケースがあり、そうなると株価はすんなり下がりません。あるいは、踏み上げられてしまうこともあります。

だから、寄付き段階でのデイトレードは、買い板の順張りでいくべきなのです。

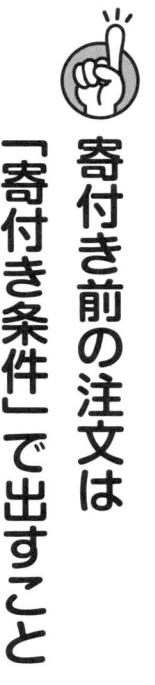

寄付き前の注文は「寄付き条件」で出すこと

必ず買える方法で注文する

寄付き前の注文を指値で出すか、成行で出すかは、多くの人が悩むところだと思いますが、**朝10分の寄付きトレードで収益確保を目指すなら、条件付き注文を出すようにします。**

この方法で寄付き注文を出すと、前場または後場の寄付き注文のみを有効にして、前場で寄り付かなかった場合は、そのまま後場寄りに注文が引き継がれます。

寄付きの条件付き注文を出す場合は、できれば5銘柄くらいに分散させたいところです。なぜなら、寄付き前にバーッと板が入ってきてしまうと、買えなくなってしまうケースがあるからです。5銘柄くらいに散らしておけば、どれかは必ず買えるだろうという考え方です。

条件付き注文ではなく、ただの指値注文だと、寄付きで買えず、また注文を取り消し忘れたりすると、株価がパーッと上昇した後、急落に転じたところで注文が成立してしまい、そのまま下げトレンドに巻き込まれて、損失だけが拡大するという事態にも直面しかねません。

したがって、寄付きで買えなかった場合には、そのトレンドは諦めるくらいに考えておいたほうがいいでしょう。

それと、これも繰り返しになりますが、寄付き前に発注するときも、できるだけ買い板がしっかり入っていて、売り板がスカスカの強い板を探すようにします。

そうすれば、買えた瞬間に上の売り板がつけば、大きく値幅を取りに行けますし、ダメで売り板がどんどん下がってきた場合でも、すぐに逃げることができます。

ところで、事例として挙げた図５－１の板には、成行の売りが10枚あります。一方で、成行の買いがなく、売り指値も１０６円に2枚しかありませんから、１０２円で寄り付きます。すると、１０３円に3枚、１０２円に14枚の買いがありますから、10枚の成行売りをこなすと、１０２円に7枚の買いが残ります。

自分も１０２円で買えていれば、同値で切ろうと思ったとき、すでに7枚もの買い玉があるわけですから、非常にたやすく売れることになります。

寄付き前の板の変化を読む

寄付き前の板の変化を読む

実際に寄付き前の板が、どのように変化していくのかを見てみましょう。ここで事例に挙げるのは、まさに理想形です。できるだけ、このような板を見つけましょう。

図5－2は、寄付き前の板です。

図は右から、午前8時54分19秒→8時56分21秒→8時59分50秒というように、ほぼ2分おきに見たフル板の推移です。

8時54分19秒の時点では、買い板のみで売り板は全く見えませんが、8時56分

●8時54分19秒

売り気配	価格	買い気配
	1686	
	1685	1000
	1684	
	1683	
	1682	100
	1681	100
	1680	800
	1679	100
	1678	1500
	1677	
	1676	300
	1675	800
	1674	400
	1673	
	1672	700
	1671	400
	1670	700
	1669	200
	1668	300
	1667	300
	1666	1100
	1665	300
	1664	
	1663	
	1662	200
	1661	

図5-2 寄付き前の板の変化

●8時59分50秒

売り気配	価格	買い気配
	1721	
1000	1720	3500
	1719	
	1718	
200	1717	
	1716	1200
100	1715	600
	1714	
	1713	900
	1712	1500
100	1711	2800
7100	1710	5000
100	1709	500
	1708	
	1707	
	1706	2800
100	1705	1500
	1704	2800
	1703	100
	1702	2800
	1701	200
500	1700	1200
	1699	1800
	1698	
	1697	
	1696	3400

●8時56分21秒

売り気配	価　格	買い気配
100	1699	300
	1698	
	1697	
	1696	700
	1695	
	1694	
200	1693	
	1692	
	1691	
400	1690	600
	1689	
	1688	
100	1687	1700
	1686	300
	1685	1000
	1684	
	1683	
	1682	100
	1681	100
	1680	800
	1679	100
	1678	800
	1677	100
	1676	300
	1675	800
	1674	400

21秒になるとポツポツと売り板が表れています。

また、株価も上方にシフトしているのがおわかりになると思います。さらに、8時59分50秒には、株価は１７００円台に入っているのに加え、売り板も大分増えてきていますが、一方で買い板が非常に厚くなっています。

特に、時間の経過とともに買い板が増えていますから、これは短期トレードをするうえで有利な状況です。いうまでもなく、買った直後から、いつでも投げられる環境にあるからです。寄付き時点としては、最高の買い板に変化したといってもいいでしょう。

買いを出すアルゴリズムを捕捉する

買いを出すアルゴリズムには、とことん付き合う

寄付き段階でのアルゴリズム・トレードは、いくつかの特徴を持った動きをします。これは第2章で触れたＶＷＡＰに絡んだものです。

機関投資家はまとまった株数の売買を行いますから、自分の売り買いが株価に影響を及ぼす恐れがあります。

したがって、買うにしても売るにしても、自ら直接、マーケットに注文を出すのではなく、証券会社と相対で取引をし、まとまった売買注文を執行してもらいます。そして証券会社は機関投資家に対して、ＶＷＡＰに一定の手数料を加味したものを提示して、ＶＷＡＰ取引を成立させます。

証券会社からすれば、ＶＷＡＰから株価が大きく乖離すると、損をするリスクを負いますから、機関投資家からの注文を受けた後、できるだけＶＷＡＰと同じ株価で取引が成立するよう、アルゴリズムを用いて売買を行っています。

早い時間から板をさらすと、買い需要があることを悟られてしまい、寄付き直前に買いを出してきますので、**買いを出すアルゴリズムを捕捉するために、板を監視して、気配値の変化を発見することが大事になります。**

具体的に、どのような流れでアルゴリズム・トレードが絡んでくるのかを説明してみましょう。

まず、買いの側でいうと、板の最も上に買い板を入れてくる投資家がいます。その動きが見られたら、それよりも１ティックでいいので、上に指値を入れます。

すると、すかさずさらに上に指値を入れてきます。これは、間違いなく買いたいという前提で動いているアルゴリズム・トレードです。

たとえば、機関投資家から、VWAPで買いの注文を受け、そのトレードをなんとしてでも成立させる必要がある証券会社が絡んでいるアルゴリズム・トレードです。

アルゴリズムと思しき投資家が動き出し、こちらが出した買い注文よりも、ほんの少しでも高いところを買う姿勢を何度も見せてきたら、とにかくとことん付き合ってあげましょう。どんどん高いところに注文を入れていくと、そのうちアルゴリズム・トレードの注文が出てこなくなります。

なぜなら、事前に「ここまでなら買い注文を出してもいい」というプログラムが、組まれているからであり、それを超える株価での注文は、証券会社にとって損失につながる恐れがあることを意味します。

買いを出すアルゴリズム以外は相手にしない

また、買ってこないアルゴリズムもあります。お行儀よく後ろに並んでしまうのです。

でも、このパターンであれば、自分のほうが先に約定されるので、これ以上、高いところで買い注文を出してくる投資家が出てこない限りは、買えることになります。

逆に、どこまでも高いところで買い注文を出し続ける投資家がいたとして、これがアルゴリズムだとしたら、あまり上値を追わず、様子を見るのも一手です。

以上は、買いを出すアルゴリズム・トレードですが、売りを出すアルゴリズム・トレードもあり、特徴的な動きが見られます。

どういうことかというと、売り板が下がってくる局面のどこかで、必ずいったん、売り板の下げが止まるのです。

他のトレーダーが、さらに下を指しても売り板が下りてこなければ、そこまでしかアルゴリズムは売ってこないことを意味します。

つまり、ここの値段は売りたくないという、意思表示であると考えてください。

デイトレ目線のブレイク売買

売り板の分厚いところを抜ける手前で仕掛ける

次に、ブレイクを狙った板読みトレードについて解説したいと思います。ブレイクというと、このところ話題になったのは、「新高値ブレイク」といって、半年ぶり、あるいは1年ぶりに過去の高値を抜いて、売買が俄然、盛り上がってきた銘柄の新高値を狙っていく手法が注目されています。高値をブレイクすれば、そこから上には売り物がなくなるので、加速度的に株価が上昇するという考え方です。

もちろん、それで儲けている投資家もいます。ただ、当然のことですが高値ブレイクした銘柄の株価がそこから先、さらに上昇するとは限りません。力尽きて下降トレンドに入る銘柄もあります。

だから、高値ブレイクを狙っている投資家は、ブレイクした直後に株価が下落した場合に備えて、損切りによるリスクコントロールを厳格に行っています。

また、同じ「ブレイク売買」でも、高値ブレイクとはまた違うブレイク売買があります。それは、高値ブレイクのようにチャート上の高値を狙って仕掛けるものではなく、**売り板の分厚いところを抜ける手前で仕掛けるブレイク売買です。**

前者はどちらかというとスイングに近い時間軸でのブレイク売買になりますが、後者は完全にデイトレ目線のブレイク売買です。

売り板の分厚いところとは、たとえば株価で１０００円、１１００円など、キリのいいところに、まとまった売り指値注文として出現するケースが多く見受けられます。

このように、**売り指値注文が集中しているところを抜けると、株価はスーッと上に上昇していく可能性が高まります。こういう銘柄を見つけ、ブレイクする一歩手前で仕込むのが、板読みトレードにおけるブレイク売買です。**

ブレイクポイントで買うのは三流

板読み投資のブレイク売買は、売り注文が塊になっているところをブレイクする手前で買うわけですから、1日に何度かチャンスがあります。実際に板を見るとわかりますが、売り板にまとまった注文が入っているところが、いくつもあるからです。

ただし、先に解説した寄付き10分間を狙う売買は、サラリーマンにも可能ですが、板読み投資のブレイク売買は、きちんとその瞬間の板をしっかり見ておかなければ、成功しません。その意味で、**この手法は終日、パソコンの前に張り付いていられる専業トレーダーにならなければ、できない投資手法です。**

さて、ブレイクポイントを狙って売買する際の注意点ですが、ブレイクポイントで買いポジションを持つのは三流といっていいでしょう。

というのも、ブレイクポイントは不確定要素の塊だからです。もし、ブレイクポイントを買って儲けを出したいのであれば、指値の大半を買う覚悟が必要です。

ブレイク売買は戦国時代の城門攻めのようなもの

一番槍を目指す突撃はリスクが高い

ブレイクポイントを狙いに行くのは、戦国時代の城門攻めのようなものだと、私はかねがね思っています。

確かに、城門攻めの戦いに参加すれば、「一番槍」という、武士にとって最高の武勲に与れるわけですが、一番槍とはこれからいよいよ刀を抜き合い、混戦に突入するにあたって、一人抜きん出て敵地に飛び込んでいくという非常に危険な役目でもあります。

たいていは討ち死にします。何しろ城門の守りは、どの城でも固いものです。そこを打ち破って戦うのですから、リスクが非常に高まるわけです。

ブレイク投資は、まさにこれと同じなのです。ブレイクポイントという城門を打ち破るためには、多大な犠牲を強いられる恐れがあります。そこに一番槍を目指して突撃すれば、討ち死にするリスクを覚悟しなければなりません。

私だったら、城門攻めをする前に敵の首を取り、手柄を挙げておきます。そうすれば、その後の戦い方の自由度が高まるからです。

それまで全く手柄を立てていない武士は、とにかく一番槍を付けに行こうとするわけですが、すでに敵の首をいくつも取っていれば、戦況を見て城門攻めに参加するのもありですし、形勢が不利なら、逃げるのはよくありませんが、それに応じた、自分自身が討ち死にしないような戦術を考えればいいでしょう。

いずれにしても、城門攻めの前にある程度の手柄を立てておけば、無理して一番槍を突き付けに行かずにすむのです。

板に表れるブレイクポイントの攻防戦

これを、事例に当てはめながら説明してみましょう。図5－3を見てください。

まずブレイクポイント。ここは完全なる攻防戦です。こちらもガンガン攻めますが、敵もさるもので、しぶとく抵抗します。

図5-3 ブレイク時の投資家動向

売り気配	価格	買い気配
	1658	
	1657	
	1656	
700	1655	
	1654	
	1653	
100	1652	
	1651	
7900	1650	
1600	1649	
400	1648	
	1647	
	1646	500
	1645	900
	1644	
	1643	200
	1642	200
	1641	600
	1640	4600

買い勢力を売りで押しまくっている

買い勢力

売り気配	価格	買い気配
	1658	
	1657	
	1656	
700	1655	
	1654	
	1653	
100	1652	
	1651	
5200	1650	
	1649	
	1648	100
	1647	400
	1646	100
	1645	900
	1644	
	1643	
	1642	300
	1641	400
	1640	4600

2700株しか減ってない

１６５０円のところに７９００株の売り物が出ており、ブレイクさせようとして買いに回っている勢力を、売りで押しまくっています。

攻め（買い）の側は、１６５０円という城門を突破するべく、その後ろに次々と買いの勢力がくっついてきています。

その戦いは、けっこう早く決着が付きました。

板を見ればわかるように、７９００株あった売り物が、結局２７００株しか減らなかったのです。こうなると、城を守っていた勢力が押し戻してきます。

一方、城門攻めで、すでに手柄を立てている武士は、こんなところで死にたくないと思って、とりあえず退却します。つまり、利食いをします。

また、ここで手柄を立てようと、果敢に城門攻めに参加していた武士は、城門を守っていた敵が意外と健闘していることに驚き、とにかく態勢を立て直さねばと退却します。が、なにぶんにも果敢に城門攻めをしていたことが祟り、退却しようとする最中、敵の矢にどんどん斃れていきます。まさに損切りです。

しかも、1600円あたりで買っている投資家からすれば、1650円だったのが1640円まで値下がりしても、まだ40円の利益が残っているわけですから、さっと売ってきます。

このように下で買っている投資家は、まだ自分にとっては十分な利益が残っているので、投げ方が非常に雑になります。指値したのに、滑って売れなくなるのも嫌だという心理からか、指値もせずに成行で売ってくるのです。

結果、加速度的に株価は大きく下げていくのです。

また、恐らく1650円のブレイクポイントで買いに行った投資家は、5円下の1645円あたりに逆指値の売りを入れているに違いありません。

ところが、実際に付いた株価は１６４５円よりも下になってしまうケースが多く、そういう状況に陥った投資家は、逆指値を外して成行で売ってきます。

とはいえ、１６４０円のところに４６００株の買い板がありますから、ブレイクポイントで買った人たちは、最悪でもここで逃げられるはずだと考えて、エントリーしてきます。

さらに細かく見ると、１６４８円のところに売り板が４００株あります。

このときの歩み値の動きを見ると、１６５０円の７００株買いから上に、１００株、２００株単位の小さな買い物がパラパラいます（図５－４）。

図5-4　ブレイク時の歩み値の動き

時刻	価格	約出来
14:31:08	1650	1000
14:31:08	1650	100
14:31:07	1650	200
14:31:06	1650	100
14:31:06	1650	100
14:31:05	1650	100
14:31:05	1650	200
14:31:05	1650	700
14:31:05	1650	500
14:31:04	1649	300
14:31:04	1649	300
14:31:04	1649	700
14:31:02	1649	300
14:31:02	1648	300
14:31:02	1648	400
14:31:00	1648	800
14:31:00	1647	200
14:30:57	1647	700
14:30:55	1646	300

ブレイクポイントの売買で細かい買いが積み上がっている

これが、ブレイク投資をしようと考えている短期投資家による買いだと推察できます。非常にタームが短い人たちばかりなので、ブレイクしないと思った瞬間、この人たちが一斉に投げてきます。

ブレイク売買で儲けるためには需給をしっかり見ること

ブレイク売買で儲けるためには需給をしっかり見ること

板は、いろいろなことを物語ってくれます。

たとえば、ブレイクが失敗したときの板を見てください。1652円のところに100株の売り板があります。これは、「ここ、なんとかできないかな〜」という感じで、あわよくばを狙った売り注文です。

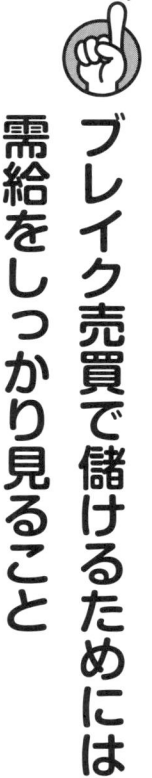

本当なら1650円にある5200株のところで一緒に投げられたら、恐らく2、3円程度のやられですんだものを、往生際悪く、ずっと持っていたものだから、10円やられるかどうかの勝負を強いられる恐れがあります。

実際、これを見ると、けっこう投げている投資家がたくさんいるのがわかります。もちろん

図5-5 押し目形成のメカニズム

売り気配	価格	買い気配
	1656	
700	1655	
	1654	
	1653	
100	1652	
	1651	
5200	1650	
200	1649	
	1648	
100	1647	
200	1646	
	1645	
	1644	
	1643	
	1642	100
	1641	400
	1640	5300

局地的に需給悪が発生

利益確定とスキャルパーの投げ

時刻	価格	出来高
14:31:13	1642	200
14:31:13	1644	100
14:31:13	1645	700
14:31:13	1645	100
14:31:12	1645	100
14:31:12	1646	100
14:31:12	1647	100
14:31:12	1647	100
14:31:12	1648	300
14:31:12	1648	100
14:31:10	1648	200
14:31:08	1650	1000
14:31:08	1650	100
14:31:07	1650	200
14:31:06	1650	100
14:31:06	1650	100
14:31:05	1650	100

利益確定もあるでしょう。それこそ城門攻めの前に手柄を立てた武士と同じで、下値を買っていた投資家は、まだまだ利益に余裕があるので、ここで利益を確定させるために、売ってくるはずです。

それに加え、ブレイクポイントである1650円で、株価が上に大きく上昇することを狙って買ってきたスキャルパーの投げも生じてきます。

結果、需給が一気に下方へと押していきます。こうして押し目を形成していくのです。

大口の買いが需給を整える

さて、その後、この板がどうなったの

図5-6 振るいにかけられた後の動き

売り気配	価格	買い気配
	1657	
	1656	
1200	1655	
	1654	
	1653	
	1652	
	1651	
	1650	
	1649	
	1648	300
	1647	700
	1646	
	1645	
	1644	
	1643	100
	1642	200
	1641	900
	1640	5200

上値が軽くなってブレイクへ

時刻	価格	出来高
14:31:21	1652	100
14:31:21	1650	2500
14:31:21	1650	1000
14:31:20	1650	1000
14:31:19	1650	300
14:31:18	1649	100
14:31:18	1649	100
14:31:15	1650	400
14:31:15	1649	100
14:31:15	1648	200
14:31:15	1647	100
14:31:15	1646	100
14:31:13	1642	200
14:31:13	1644	100
14:31:13	1645	700
14:31:13	1645	100
14:31:12	1645	100
14:31:12	1646	100

1650円に4件の買いを確認

かということですが、みんなが投げたということもあり、１６５０円のところで１０００株、１０００株、２５００株というように、固まって３本の買いが入っています。前のように、チョロチョロと小口で買うのではなく、ドン、ドンと大口で買っているのです。

この大口の買いを行っている投資家が売らなければ、株価は下がりません。少し我慢して持ち続けてくれたなら、需給は恐らくブレないでしょう。上値は相当、軽くなっているはずです。そして、ここでブレイクしました。

実際には、これを何度も繰り返すことがあります。ブレイクを狙っては下げて、

図5-7　ブレイクしなかったときの動き

売り気配	価格	買い気配
100	1651	
900	1649	
	1648	
600	1647	
500	1646	
	1645	
	1644	
	1643	
	1642	
	1641	
700	1640	
	1639	
	1638	
	1637	
200	1636	
100	1635	
	1634	
	1633	
	1632	
	1631	
	1630	100
	1629	
	1628	200

売り指し値が上値に取り残され、板が悪くなっている

逃げ遅れた売り指値

買いが薄い

時刻	価格	出来高
14:32:08	1633	100
14:32:05	1631	200
14:32:04	1636	100
14:32:04	1637	100
14:32:04	1640	1500
14:32:03	1640	300
14:32:02	1640	300
14:32:01	1641	200
14:32:01	1642	200
14:31:57	1646	100
14:31:54	1651	600
14:31:54	1651	100
14:31:54	1649	500
14:31:54	1648	200
14:31:54	1645	100
14:31:53	1642	200
14:31:53	1645	400

あきらめたスキャルパーの投げが続く

振るい落としが入り、ということを何度も繰り返すわけです。こうして上値が軽くなってから、今度は本当にブレイクして、上昇トレンドに乗っていくのです。

相場が崩れると全員が投げる

この銘柄についていえば、1650円のブレイクに成功した後、瞬間的に上昇したものの、再び下げに転じて、そこから先は滅茶苦茶に下げました。

前回は1640円まで下げた後で戻しましたから、恐らく多くの投資家は、再び戻すものだと思っていたのでしょう。

下げてもじっと我慢していた投資家が多かったようですが、その後、本格的に

相場が崩れ、参加していた投資家は全員、この銘柄を投げるより仕方がありませんでした。実際、みんながあてにしていた1640円も瞬殺で割り込みました。

結局のところ、ブレイクで儲けるためには、需給をきちんと見る必要があることと、逆回転したときには、スキャルパーの投げと、下値で買った人たちの利食い売りが同時に出てくるため、ものすごい売りバイアスがかかってきます。だから、ブレイク売買の失敗は、城門攻めと同じように多大な犠牲が生じるのです。

きちんと逃げ道を準備しておく

城門攻めをするときは、きちんと先読みをして、この人は強いという大将と一緒に、城門攻めまでにすべてを終えておく必要があります。

つまり、**城門にたどり着く前に、戦いを終えておく必要があるのです。**

そして、城門までたどり着けるという流れを、需給などを駆使して読み込み、本当にこの大将に付いていっても大丈夫なのかどうかを判断しましょう。

実際問題、城門は攻撃してすぐに開くのではありません。ある程度、犠牲が生じても戦い続けることによって、初めて開くのです。

だから、**最初に飛び込まないようにしてください。また、負けたときに多少の傷を負っても逃げられるよう、きちんと逃げ道を準備しておくことも肝心です。**

さて、ブレイク売買も最終的にはどこかで利益確定、もしくは損切りを決断しなければなりません。正直なところ、ブレイク売買で儲かるかどうかは、「やってみなければわからない」ところがあります。

大事なことは、ブレイクポイントの手前で仕掛けること。そうすれば、ブレイクポイントを抜けられず売りに押されたとしても、ゆとりをもって逃げることができます。

そして、大きな損を出さずに逃げられるようにするためには、**ある程度、買い板が分厚いことが**条件になります。

この2点に留意することが、利益を確定させるにしても損切りするにしても、上手にポジションを清算するための条件になります。

日々わずかな儲けでも月収100万円は実現する

1回のトレードで0・5%のリターンを目指す

デイトレーダーというと、億単位の資産を持ち、それを大きく動かしている「億トレーダー」のイメージが先に立つと思いますが、そこまでの資金がなかったとしても、ある程度の儲けを生み出すことは可能です。

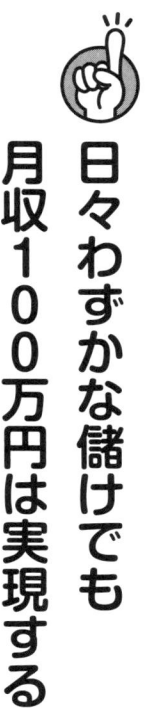

たとえば、1日1万円を儲けたいとしましょう。

トータルで月20万円。寄付きトレードを中心にして、午前9時10分くらいまでの間にトレードをすることで十分、実現可能な金額です。

これなら、兼業トレーダーでも十分に可能ですし、月20万円の利益があれば、自分のお給料と合わせて、かなり生活レベルが上がるはずです。

月20万円も株式投資で稼ぐなんて無理と思っている方は、ちょっと考えてみてください。たとえば、1回のトレードで10円の値上がり益が取れれば、300株の取引で3000円の利益が得られるわけですから、それを1日のなかで3回繰り返せば、1万円程度になります。

さらに上達して1日10万円も稼げるようになったら、1か月の収入は200万円です。これを年収にすれば2400万円。税金を差し引いたとしても、1920万円が残ります。十分に贅沢な生活ができるはずです。1日10万円の利益ということは、前場と後場でそれぞれ5万円ずつ稼げばいいだけのことです。

これは、決して非現実的な数字ではないと思います。ある程度のロットを確保したうえで、板読み投資をシビアにやれば、十分に行ける金額です。

元手となる資金も、300万円程度あれば、信用取引口座を使って900万円まで建てられますから、仮に500万円分を買い建て、1%の利益が得られたら5万円です。それを2回トレードすればいいのです。

月収100万円でもいいのであれば、さらに収益目標のハードルは下がります。
収益目標はデイリーで5万円ですから、1回のトレードで0・5%のリターンが得られれば実現できます。

このように小さな利益をコツコツ積み上げていくようなトレードは、マーケットのボラティリティが高いと、せっかく積み上げた利益が一瞬の値動きですべて吹き飛んでしまうケースもあるので、なるべく株価が安定した銘柄を選ぶ必要があります。

板を見ながら、最低1000単位、2000単位の出来高の銘柄を探すようにしましょう。

自分にとっての目標金額を考える

ここできちんと考えるべきなのは、デイトレーダーとして専業で食べていくのか、それとも月々の生活費の補てんをしたいのか、ということを考えて、目標金額を考えていくことです。

前述したように、たとえば毎月の生活費を補てんするお金を稼ぐとしたら、いくら欲しいのかをまず考えます。

株式投資に回せる手元資金が３００万円、トレードで確保したい金額が月30万円とした場合、これを信用取引にすると、３００万円のキャッシュを担保に９００万円までポジションが持てますから、毎月３・３％のリターンが稼げれば実現できます。

毎月３・３％ということは、トレーディングできる日が20日だとすると、1日あたりの目標リターンは０・１６５％です。

９００万円の想定元本に対して、デイリーの儲け額は1万４８５０円ですから、前場と後場で７４２５円ずつ、コンスタントに利益が確定できれば、十分に達成できます。

このように、**目標金額から逆算していくクセを付けることが、板読みトレードでコツコツ利益を積み上げていくためのコツになります。**

とはいえ、これがなかなかできないというトレーダーも多いので、とにかく繰り返し行うことによって、身につけてください。

1日あたりの最大損失額を決めておく

ロスカット額は1日で最高に儲けた額の半分程度

なお、利益をコツコツと積み上げられるようにするためには、一方でリスクコントロールもしっかり行う必要があります。**1回のロスカット幅をきちんと守ることは肝心ですが、それと同時に、1日あたりの最大損失額も決めておくようにしましょう。**

たとえば、1回あたりのロスカット幅が5万円とします。

1回目の損切りは4万9000円でした。

ところが、さらにやられて、2回目も4万9000円で損切りできたとします。

1回あたりのロスカット幅を5万円にしているので、両方ともルール通りのトレードになっています。

でも、ちょっとおかしいと思いませんか？

確かに、１回あたりのロスカット額を５万円にしているのはいいのですが、１日あたりのロスカット額を決めておかないと、思っていた以上に損失額が大きく膨らむ恐れがあります。

事実、１回あたりのロスカット額が４万９０００円に抑えられ、その点ではきちんとリスクコントロールができているように見えますが、この日の２回分のロスカットを合計すると、実に９万８０００円もの損失を抱えているのです。

仮に、同じことを10回繰り返したら、それだけで損失額は49万円にもなります。１００万円を証拠金にして信用取引口座を作って取引したとしても、証拠金が半分になってしまうのです。負けて熱くなりやすいタイプの人は、往々にしてこの手のパターンにはまりやすいので、なおのこと1日のロスカット額を決めておくべきなのです。

では、どうやって1日のロスカット額を決めるのかということですが、たとえば1日の利益が最大で5万円の人が、10万円までのロスカット額を認めていたら、負けが続いてしまいます。

期待リターンと損失額との関係でいえば、**1日あたりのロスカット額が、過去の1日最大の利益額を超えてはいけません。**

もし、過去の1日最大の利益が5万円なら、1日あたりのロスカット額は2万5000円程度に抑えておくべきでしょう。そうしないと、いつまでも損失額を取り戻せなくなります。

個別銘柄のボラティリティは意識する

あと、これはロスカットのラインを作るうえで重要なのですが、**前述した1日で儲けた最大金額に加えて、個別銘柄のボラティリティは意識したほうがいいでしょう。**これは意外と重要な点で、ボラティリティを無視してロスカットラインを置く人がけっこう多いのです。

これをやってしまうと、自分の許容範囲を超えて損失が生じる恐れがあります。

たとえば、1回あたりのロスカット額を2000円に設定したとします。ところが、銘柄によっては1ティック動いただけで、2000円をはるかに超えた損失が生じる銘柄があります。1ティック動いただけで1回あたりのロスカット額に達してしまうような銘柄は、避けたほうがいいでしょう。

第6章

CHAPTER 06

最後はメンタル

——テクニックよりも大切なこと

大切なこと1

体調が悪いときは、とにかく休む

これは基本中の基本です。

体調が悪いときにトレードをしても、よい結果はまず出ません。

これは、ディーラー時代の教訓です。

風邪で体調不良のときでも、その月の収益ノルマを達成していなかったりすると、なんとかして稼ぎたいものだから、無理して出社しようとします。頭のなかで「今日は儲けるチャンスかも知れない」という悪魔のささやきが聞こえてくるのです。

熱が出て、頭がボーッとしているのに、トレードを始めると、どうなるでしょう。

普段ならやらないようなミスを連発し、挙句の果てに誤発注までやってしまい、儲けるどころか、傷口を広げてしまうケースさえあります。

端から見れば、ディーラーなんて画面を見ながら、適当にボタンか何かを押しているだけのように見えるのですが、実はそうではありません。

ボタンを押す前段階で、数々の判断を強いられているのです。その上での判断なので、単純に何も考えずにボタンを押しているだけではありません。

ただ、**体調以上に問題なのが「欲」です。**

自分がトレードしている銘柄が一本調子に上昇しているとき、体調不良で休んでしまい、自分がそれに乗れなかったら、それは非常に悔しくて、それだけでメンタルを壊してしまう恐れがあります。

それが嫌だから、体調が悪くても、無理やりトレードを始めてしまうのです。

もちろん、勝ちたいという気持ちはわかります。でも、前述したように、とんでもない失敗をしでかしてしまっては、元も子もありません。

風邪などの体調不良だけでなく、痛みも避けたいところです。

ちなみに、私は偏頭痛持ちなので、「あ、ちょっとまずいかも」と思ったときは、薬を飲んだり、病院に行ったりして調整するようにしています。

自分の持病がわかっている人は、きちんと対策を取るようにしておきましょう。

同じ意味で、**二日酔いも基本的にお勧めできません。**判断ミスにつながります。

ただ、なかにはわざと二日酔いになるディーラーもいました。彼が言うには、「僕は午前中が苦手で、どうしても朝は手が合わないから、昼からやります」なのだそうです。

まあ、証券会社のディーラーは、とにかく収益さえ上げてくれれば、ずっと新聞や雑誌を読んでいても、好きな時間に出社してきても、それを咎められることがありません。

ある意味、究極の個人主義というか、自己責任が徹底されている評価・勤務体系になっています。その代わり、収益が上がらなければクビになるだけです。

そんなわけで、二日酔いだったり、病気で熱が高かったりする場合は、いいトレードなどできるはずがないので、最初からやらないほうがいいでしょう。

体調が悪いときは、とにかく休むことをルール化したほうがいいのです。

大切なこと2
ゲン担ぎに意味はない

相場という、ある意味、先が見えないものを相手にしていると、ジンクスというか、ゲン担ぎに頼りたくなる気持ちが出てきます。先輩ディーラーを見ても、ゲン担ぎをする人は大勢いました。

たとえば、食べ物。兜町には、食べてはいけないものがあるのです。**エビ、カニは厳禁。エビは腰が曲がっているから「相場が曲がる」。カニは横に歩くから、相場にとっては歓迎できない「横ばい」。**

逆に、**天ぷらは「揚がる＝上がる」から歓迎される食べ物ですし、鰻も「うなぎ上り」ということで、兜町の人は好む傾向があります。**

おやじギャグですか、と思ってしまいそうな話ばかりです。

あと、商店街などで行われているくじ引きを引かない人がけっこういます。なぜかと質問してみると、「人の運には限りがある。それを少しずつ使っているのだから、商店街のくじ程度のもので運を使いたくない」と言うのです。

まあ、個人的にはどうでもいいか、と思っていたのですが。

逆に、ものすごい強運のディーラーに会ったことがあります。

彼は、滅茶苦茶ポジティブな人間です。たとえば、パーティーなどで行われる抽選会の場で、賞品を目の前にして、いきなり「これ、俺が当たると思うよ。たぶん、当たるわ」などと言うのです。実際、抽選が始まると、彼の番号が呼ばれることが多いのです。それも、かなり上のほうの賞品だったりします。

なんだかんだ、彼と10年ほど付き合っているのですが、人生のターニングポイントにおいて、確実にいいほうへと進んでいるのがわかります。正直、こういう人を見ると、ゲン担ぎなんてどうでもいいという気分にさせられます。

大切なこと3

メンタルは負荷をかけても鍛えられない

ゲン担ぎにしても、何かジンクスを信じるにしても、なぜそのような非科学的なことをするのかを突き詰めて考えていくと、結局のところメンタルを保つためではないかと思うのです。ただ、メンタルは何かにすがって整えるのもいいのですが、自分で整えられるなら、別にジンクスもゲン担ぎも必要ありません。

さて、そのメンタルですが、これを鍛えようとする場合、みなさんはどのような方法を考えますか。なかには、わざわざ高い負荷をかける人がいます。ものすごいプレッシャーを受け続けていれば、いつかプレッシャーなんて、なんともなくなるという考え方なのでしょう。

ですが、**残念ながら、私自身の経験で申し上げますと、メンタルはどれだけ強いプレッシャ**

ーを受け続けたところで、結局のところ鍛えられないものだということです。

鍛えられないメンタルに、いくら負荷をかけてもそれは無駄ですし、自分自身のメンタルをボロボロにするだけなので、やめたほうがいいでしょう。

自分は何をしてはいけないのか、何をするべきなのかを理解していれば、メンタルは整います。逆に、自分にとって腹落ちしないと、メンタルはブレるのです。

私も、いまだにトレードをしている最中に、メンタルが制御できないことがあります。そういうときは、取引する際のロットを落とすという手があります。

もっとも、ロットを落としたところで、それでもトレードを続けてしまうので、そういうときは口座を分けて、少ししか資金を入れていない口座で思いっきり取引しています。もし負けても、資金全体から見れば大きな損になりません。

自分の性格は当然、自分が一番わかっているはずです。

では、私の性格はどうなのかといえば、すぐに熱くなるタイプです。なので、**熱くなってメ**

ンタルを崩しそうなときは、ロットを落とすしか方法がないと考えています。

実は私も、メンタルについては誤解しているところがあって、昔はたくさんの玉を張ったり、厳しい局面を何度もしのいだりすることで、メンタルは鍛えられるはずだと本気で思っていました。

でも、**わざと玉を増やすのは、ほとんど無意味です。トレードの基本は、その場に合ったポジションの取り方をすることです。**たとえば、日々の出来高が薄い小型株をたくさん買ったとしても、それは自分のポジションを危険にさらしているだけなのです。

確かに、いままで１００株単位でしか相場を張っていなかった人が、２００株を取引するとなると、恐らく恐怖心が先に立つと思います。

だから、取引株数を増やして慣らそうとする気持ちもわかります。

でも、それよりも自分のトレードの成績を客観的に見たうえで、「これくらい勝率が維持できているなら、あと1単位くらい増やしても良いだろう」というように、取引量を増やすべきかどうかを判断すればいいだけの話です。

それは、メンタルを鍛えるということとは、また別の話です。

よく、「メンタルが弱いから、ここ一番の勝負所で負けてしまうんだ」という投資家に出会います。

そういう人ほど、前述したような、自分に過大なリスクを課して、メンタルを鍛えようとする傾向があるのですが、そうではないのです。

トレードの技術と、いくら稼ぎたいのかという目標設定、利益確定と損切りの水準設定を、きちんとブレさせることなく行えれば、怖いという感情を抱く必要は全くありません。そもそも頭で考えて技術を磨けば、メンタルが弱いなどと悩む必要もありません。

トレードで大事なことはロジックであり、ロジックがしっかりしていれば、メンタルや精神力によってトレードが左右されることが小さくなるのです。

大切なこと4

イライラを排除しよう

これもメンタル面に関連することですが、体調を整えるのと同じくらい大事です。

過度にイライラしているときは、健康状態を悪化させているときと同様で、やはりトレードはしないほうが無難です。

イライラの原因は、トレードに起因したものもありますし、その他の他愛もないことが原因になることもありますが、いずれにしても、トレードをする前からイライラしていると、絶対にうまくいきません。

なので、自分がイライラすることは、なるべく自分から遠ざけるようにしましょう。もし満員電車でイライラすることが多ければ、空いている始発に乗るとか、それこそ歩いて行けるところに住めばいいのです。

先輩ディーラーのなかには、「満員電車で俺の右手にぶつかるヤツがいると、その日のトレードはもうダメなんだよな」と言っている人がいました。

そのくらい、ディーラーの世界はメンタルを整えることに固執しているタイプの人が大勢います。それは、自分の実力だけではどうにもならない部分があることを知っているという意味で、決して悪いことではありません。

だから、本来はそれにいちいちイライラしても仕方がないのですが、あらゆることに対して泰然自若としていられる人は、ほとんどいないのもまた事実であり、そうである以上、やはり**イライラのもとは、自分から遠ざけるようにするのが大事なのです。**

そのためにはまず、自分でイライラの原因がなんなのかを見定めておく必要があります。そうすることによって、徐々にメンタルは整っていきます。

あるいは、他人のアドバイスを受けるという手もあります。

といっても、宗教にすがるという話ではありません。一番いいのは、**この人はまともなことを言っている、信頼できる、この人の言うことなら間違いない、という人からアドバイスして**

もらうことです。

自分のことを客観的に見るのは非常に難しいので、他人のアドバイスが役に立ちます。特に、トレードを始めたばかりのころは、自分のつたない知識、経験では解決できないことがたくさん出てくるので、そういう人の教えを乞うことが大事です。

つまり、よい師匠を見つけましょう、ということです。

私も新人だったときは、どこでロスカットを入れればいいのかもわかりませんでしたし、3手先も読めていませんでした。

そんなとき、自分のデスクの近くにいた先輩に、いろいろな教えを受けたものです。

その先輩は5手先くらいまで読める人で、私自身は、まだ上がるだろうと思っている銘柄についてアドバイスを求めると、「いや、そうじゃない。この数字の先にこの数字があるだろう。だから、下がるケースも想定できるんじゃないか」などと、違う視点からのアドバイスが受けられ、それが自分としても腹落ちできるものでした。

なので、技術とメンタル双方でサポートしてくれるような人は、やはりいたほうがいいと思います。

大切なこと5

ライバルはいらない

株式投資が上達するためには、師匠の存在は必要ですが、ライバルは不要です。全く意味がないといってもいいくらいです。

野球やテニスなどのスポーツなら、お互いに切磋琢磨できるライバルの存在は、とても重要です。でも、株式投資の場合、他の人を意識しすぎると、結局は自分のメンタルを壊すことになりかねません。

株式トレーダーの世界は、たとえば一人が大きく収益を伸ばして、もう一人が全く儲からなければ、儲かった人は多額のインセンティブを得られますが、儲かっていないトレーダーは最低限の固定給しかもらえないという世界です。

つまり完全な個人競技といってもいいでしょう。

儲かっているトレーダーをいくらうらやんでも、自分の収益が増えるわけではありませんし、儲かっている人から丁寧にトレード手法を教えてもらえるものでもありません。

ましてや、他のトレーダーをライバル視したところで、得られるものは何もありません。


このように言うと、「収益を競えるじゃないか」という声が出てきそうです。

でも、そもそも収益を競い合うことに何の意味があるのでしょうか。

他のトレーダーをライバル視して、「あいつ、今月は１００万円以上も稼いでいる。俺はまだ10万円しか稼げていない。なんとかして逆転をしなければ」などと思うのは、全く意味がないのです。

むしろ、自分が負けていることに対して焦りが生じ、メンタルが悪い方向に逆回転することにもなりかねません。それが逆に、自分の傷口を広げる恐れにつながってしまうのです。

儲けているトレーダーを見て、「きっと、何か儲かるコツがあるに違いない」などと思うかも知れません。なぜ、この人はこんなに儲かっているのかを、徹底的に探り、自分のものにして、自分がさらに儲けるというのであればいいのですが、たいていは妬みの感情に支配されるようになります。そうなったが最後、その人に儲かった理由を聞こうにも、聞けなくなってしまいます。

他のトレーダーをライバル視するのは、そういう意味でも全く意味がないのです。

もし、**ライバル視するくらいなら、いっそのこと師匠にしてしまったほうがいいでしょう。**

ここは自分のプライドを捨てて、「この人は自分よりも儲けている、すごい人なんだ」と思うようにするのです。

大切なこと6

ルールはシンプルにしよう

本当に、無意味なルールを設けている投資家が大勢います。

たとえば、「損失が大きくなるから、この銘柄はトレードしない」というような、禁止銘柄をたくさん持っているトレーダー。

売買できる銘柄が３５００銘柄ほどあって、そのうちの１銘柄、２銘柄を禁止銘柄にしても、大勢としてはそれほど影響がないと思っているのかも知れません。

しかし、**禁止銘柄を設けること自体、単なる勉強不足に過ぎません。** 単にランキングを見て、「お、この銘柄は来ているね」などと、ロクに銘柄を調べもせずにトレードし、やられてしまう。これは、勉強不足に根差した実力不足なのです。そもそも、きちんと銘柄を定点観測しておけば、禁止銘柄を設ける必要はどこにもありません。

それ以外にも、テクニカルをいろいろ勉強するのはいいのですが、それによって、これとこれのチャートがクロスしなければエントリーしない、あるいはイグジットしないといった、トレードに関するルールを、思わず感心してしまうほど細かく設定している人がいます。

でも、この手のトレードに関連したルールをたくさん作っても、それをすべて守っている人など、ほとんどいないと思います。**ルールを1個でも2個でも破った経験がある人は、むしろルールなど設けないほうがいいでしょう。**

私が思うに、**トレードに関するルールは2個だけで十分です。**

まず、買うときに、利益確定と損切りの場所を決めておくことです。

それさえ守っておけば、自然のうちにうまくいくはずです。

それともう1つ。第5章で解説したように、**1日におけるロスカットの最大額は決めておくべきです。**これがないと、いくら利益確定とロスカットの場所を決めておいたとしても、滅茶苦茶やられる恐れがあります。

トレードのルールなんて、この程度のものです。

特に初心者は、最初に変なルールを作らないほうがいいと思います。なぜなら、初心者のときは、損をするパターンを覚える必要があるからです。

最初から盤石なルールを設けた結果、意外と負けないトレードができていると、そこに慢心が入ってきます。相場の世界では、永遠に勝ち続けられた人間など一人もいません。

だからこそ、最初のうちに身をもって、失敗する経験を積んでおく必要があるのです。

大切なこと7

初心者は失敗で落ち込まないこと

個人投資家のよくないところは、負けに対して非常に悲観的であることです。

損は誰でも被るものです。

野球を考えてみてください。どんなに優れたバッターでも、4割以上は打てません。

そういうものなのです。トレードだって、期待値はせいぜい5割程度のものでしょう。

ここに手を出すのは危ないけれども、うまくいけば儲かる。そういう局面で、実際に手を出すと大きく儲かることもあれば、手痛いしっぺ返しを食らうこともあります。もちろん、手堅く利益を積み重ねられるような場面もありますが、**長く生き残っているトレーダーでも、全勝は絶対にありえないのです。**

だから、負けたとしても悲観的になる必要はどこにもありません。

損してふて寝したり、二日酔いになるまで酒を呑んだりするのは、全くもって非生産的な話です。それで翌朝の寄付きからトレードができるのかということです。**深酒する時間があるなら、今日の負けを復習し、明日、どうやって戦うのかをきっちり予習しましょう。**

なぜ今日、こんな負け方をしたのかを整理して、明日からの戦略を立てるのです。それが終わってから、二日酔いにならない程度に酒を呑むべきです。

負けているときは、自分のトレードと向かい合いたくないものです。自分の収益なんて見たくもありませんし、いままでで最悪のトレードなんて、振り返りたくないものです。でも、これは仕事なので、やらなければなりません。

ひどいケースになると、損失が膨らんできたから、画面を消して寝てしまおうとする人がいます。「目が覚めたら戻っているかも知れない」と考えてしまうようです。

これを「睡眠投資法」というのですが、このような現実逃避がうまくいくはずがありません。

もちろん、きちんと逆指値を入れたうえでふて寝するのは、まだいいのですが、一番きついところを見たくないあまりにふて寝をして、目が覚めたときに株価が戻っていることを期待しても、そんなものが実るはずないのです。

嫌なところほど、しっかり見ておくべきです。これは、初心者ほどそうです。これによってケーススタディが積み上がっていくのです。自分の間違ったところを覚えてさえおけば十分でしょう。

初心者のトレードの学習は、損の仕方を覚えることです。損を減らし、変なところでエントリーしないようにするのが一番上達する方法です。

中級者になると、今度は同じ間違いを繰り返すようになるので、明日はどういう売買をするのかを予習するほうに、時間とウエイトをかけるべきなのです。

いずれにしても、悲観的になりすぎる必要はありません。本当に悲観的な性格の人は、なんとか意識を変えていくしかないでしょう。

投資初心者の場合、損が出ると、「うわぁ～、こんなにやられちゃった。ものすごくお金が減っちゃったよ」と言って悲観的になるのですが、そもそも株式投資は、そういうものなんだということを、知ってから始めたはずです。やられるのは当たり前。それを悲観しても仕方がないのです。

それと、**後悔するのもやめましょう。後悔しても何の意味もないからです。いくら後悔したって、時間は戻ってきません。間違ったと思ったら、投げればいいのです。**

洋服を買うとき、やたら時間がかかる人がいます。このタイプはほとんどの人が、買った後で後悔します。日常生活で後悔することが多い人は、トレードでも後悔するケースが非常に多いと思います。

だから、洋服を買うのでも、何を買うのでも良いのですが、買って後悔するのは止めましょう。日常生活でも、後悔しない習慣をつけることで、トレードにも活きてきます。

ただ、**超ポジティブなのもダメです。**

「こんな程度の損失は関係ない」なんて公言する人は、逆に損失が滅茶苦茶大きくなる恐れがあります。何事もバランスが大事なのです。

大切なこと8

ちっぽけな男気は無意味

ここはどう見たって投げる場面だろう、というところで、なぜか頑張るヤツがいます。自分がやせ我慢して持ち続ければ、状況が好転するとでも思っているのでしょうか。

これを「ちっぽけな男気」というのですが、それがもたらす結果は、なかなか悲劇です。大概が、大損という形になって跳ね返ってくるのです。

証券会社のディーラーだったとき、ディーリングルームのなかに必ず、このタイプの人間がいるのです。まあ、自分だけ勝手に自爆するだけなら問題ないのですが、なぜかこの手のセンチメントは周囲に波及するのです。集団心理とでも申しましょうか。

「お前、もう投げたんか？」

「ここは反転するだろう」

「俺、売らねえぞ」

「じゃあ、もう少し頑張ってみるか」

なんてやりとりが行われ、変な連帯感のもとで、みんながじっと我慢して持ち続ける……みたいな。

で、もう少し時間が経つと、冷静になってきます。

「もう、ダメだな」

「投げるか」

こうなると、一斉にみんなが投げ出すわけです。

すると部長がやってきて、「お前ら、今日、すげえ投げているけど、どんな売買しているんだ」となり、終業後にみんなで反省会と称して呑みにいくわけです。

個人トレーダーだと、最近はツイッターなどのSNSを使って、リアルタイムで情報発信しているケースがあり、強気のトレーダーが大勢いると、それにつられて変な一体感に巻き込まれ、自分の相場観を狂わせてしまうケースもあります。

それが原因でロスカットが甘くなり、損失が拡大するなんてことも起こりえます。

むしろ、私は逃げることをお勧めします。

ことトレードの世界において、逃げるのは決して恥ではありません。

第3章で解説した同値売買の練習は、まさに逃げるための最善のテクニックを身につけることにつながります。

大きく儲けるのもすごいことですが、それ以上にすごいのは、逃げられることなのです。

実際、どのような状況でも無傷、もしくはかすり傷で逃げられるトレーダーが、一番長生きしているのです。

大切なこと9
含み損のオーバーナイトは厳禁

オーバーナイトとは、ポジションを翌営業日に持ち越すことです。

デイトレーダーといっても、ある程度、ポジションを持ち越すことはあります。私が所属していた証券会社の場合、自分が持っているポジション総額のうち、1～2割程度はオーバーナイトしてもいいというルールがありました。5億円のポジションなら5000万円くらいまでは許されたのです。

したがって、**個人のデイトレーダーであれば、1～2割をオーバーナイトできるポジションの基準と考えておけばいいと思います。**まあ、1～2割といっても、実際には1割程度に抑えておくのが無難でしょう。

ただ、2つだけ注意点があります。

第1に、初心者はオーバーナイトしないこと。

これは、まだパターンがわからないからです。次の日の相場がどうなるのかを読むのは難しいことであり、ある程度の修練が必要になります。それに、オーバーナイトをするよりも前に、初心者はザラバ中にやるべきことがたくさんあります。まずは、それをマスターしてからでも遅くはない、ということです。

第2は、含み損をオーバーナイトしないこと。

これは、オーバーナイトしてもいいと思われる経験者にも当てはまることです。含み損は切ればいいだけのことで、それを一晩寝たからといって、含み損が益に変わるなどということは、ありえない話です。

自分のロスカット額が5万円だとしましょう。含み損でトレードが終わり、そのまま含み損をオーバーナイトさせた翌日、いきなりギャップダウンで始まったら、そのまま含み損が拡大することになります。

このギャップダウンで3万円の損失を抱えたら、残り2万円しか損できないところで勝負をしにいかなければなりません。

結果、**メンタルも悪い方向へ逆回転してしまうし、手法も限られてしまいます。だから、含み損のオーバーナイトは厳禁なのです。**

私は、もう少し時間軸の長いスイングトレードでも、きちんと損切りするべきだと考えています。スイングトレードだと、時間軸は5営業日くらいで、この間のロスカット額の範囲内であれば、別に切る必要はありません。

しかし、これはもうダメだという銘柄を、いきなりデイトレードからスイングトレードに切り替える投資家がいます。これは、ご都合主義トレードの最たるものといってもいいでしょう。

デイトレードで入った銘柄なら、最後の最後までデイトレードで対応する必要があります。

それを、含み損が生じたからといってスイングトレードに切り替えたりしたら、その後のトレードがうまくいくはずがないのです。

大切なこと10

運に頼らず縁に頼る

テクニカルと運は同じようなものです。

なぜかというと、両方とも都合のいいように使われるからです。

運は引き寄せられると考えている人もいれば、一所懸命に生きていれば、向こうからやってきてくれると考えている人もいます。

それは決して否定しませんが、短期トレーダーのなかには、運を非常に都合よく考えている人が大勢います。たとえば、負けが込んでくると神頼み。なのに、勝ったときは自分の実力だと思い込んでしまう。

どのみち運なんてものは、どこで自分にラッキーがくるのかはわからないものです。なので、運に頼ろうとするのは大きな間違いだと思います。

運よく、とてもいい銘柄を引き当てたとしましょう。

でも、買った後で上手に回転を利かせてトレードをし、利益を積み上げていくためには、運ではなく経験がものを言います。

あるいは、ダメな銘柄を買った後、それを投げて、次の銘柄を買ったら、それが非常にいい銘柄だったというケースもあるのですが、買ったダメ銘柄を切るのは運ではなく技術ですし、次の銘柄を見つけるのも技術です。

これをすべて運で説明しようとする人が多いから、話がおかしくなるのです。

トレーダーとして技術を上達させるために大事なのは、「運」ではなく「縁」です。よい先輩を見つけることで、あなたのトレード技術は上達していくはずです。そして、そういう先輩を見つけるためには、地道な人間関係の構築が、何よりも大切です。

結局、ディーラーというのは個人作業ですから、トレードのテクニックは自分の飯のタネでもあります。当然、簡単にそのノウハウを他人に明かすわけがありません。他のトレーダーが真似をするようになったら、その手法は儲からなくなります。

それでも、そこを教えてもらうためにはどうすればいいのかというと、先輩に「こいつになら教えてやってもいいか」と思ってもらえるような存在になることです。

そうなるためには、努力が必要です。

この人は何を求めているのかということから始まって、会話から趣味に至るまでその人に合わせて、そのなかで教えてもらえるようになるのです。

運を呼び寄せようとして神社に行く時間があったら、「この人はすごい」という人を見つけて、その人から教えてもらえるような努力をしたほうがいいでしょう。

まさに運頼みではなく、縁頼みです。

おわりに

トレードは運ではなく技術です。

だから、本書でも何度も触れたように、練習と実践の繰り返しが、上達のポイントになるのです。勝っても負けても、その繰り返しが、経験値を高めることとイコールです。

ただし、この経験値が少しやっかいで、経験値が高まると慣れが生じてきます。この「慣れ」が、実は怖いのです。なぜなら、足場がやばいのに、怖いと思わなくなってしまうのです。結果、ロスカットが甘くなり、大きな損失を被ることになります。

一方、経験値が高まることのプラスの効果としては、手法が増えることだと思います。あるいは発注スピードが速くなります。これは、経験を積み重ねていくなかで、発注するまでの思考がブラッシュアップされるからです。

このように、ケーススタディの積み重ねと、技術の向上はイコールですが、それにはポジティブ、ネガティブ両面があります。

とはいえ、技術を向上させれば、運頼みをする必要もなくなります。運はいつ訪れるかわかりませんが、技術はいつでも活かすことができます。

本書で解説した「板読み投資術」の手法で、トレードを何度も繰り返して、経験値を高めてください。

また、第6章で解説したように、投資家にとってメンタルは、とても大事です。

私が株式ディーラーだった当時のことです。私が大負けすると、部長がやってきて、必ずこう聞くのです。

「まだファイティングポーズが取れるか？」

当然、大負けするとメンタルがやられます。翌日もそれを引きずってトレードに臨むと、さらに傷口を広げてしまう恐れがあります。

会社としては、自社のお金を運用させているので、当然、これ以上損失が膨らまないようにしなければなりませんし、ディーラー自身も大損が重なるとクビを言い渡されることになります。

部長はその両方を心配して、私にまだファイティングポーズが取れるかどうかを聞いてくれたわけですが……。

この言葉が、自分自身のいまの状況を見つめ直すうえで、けっこう役に立ったのです。

個人トレーダーになったいまも、頭の片隅で思い浮かべるようにしています。負けたときなどは特にそうです。

明日、こう張れるかなとか、張れないのだったらとりあえず止めておこう、もしくはポジションを半分にしておこうというように、作戦を練ります。

もし、「まだやれる」と思ったら、その思いをさらに奮い立たせるために、自分の過去の実績を思い浮かべ、「これまでうまくいっているのだから、今回も大丈夫だ」と自分を鼓舞したり、予習復習をきちんとやったりして、少しずつ自分の自信を取り戻していくのです。

あなたは、まだファイティングポーズが取れますか？

＊＊＊

さて、本書の制作にあたっては、たくさんの方々に支援していただきました。

ディーラーとしての門戸を開いてくれた赤木社長、上田常務。トレードの基礎を教えていただいたインストラクターの本多部長、小口さん。技術やメンタル面でいつも支えてくれた先輩ディーラーの塩原さん、服部さん、三浦さん、二宮さん。

生保での債券のファンドマネージャー時代にご指導いただいた有村部長、鈴木課長、苦楽を共にした末木代理、大司さん。株式のファンドマネージャー時代にイロハを教えていただいた内野企画役、岡田課長。いつも怒られてばかりでしたが藤本常務のおかげで成長できました。

独立して最初にセミナーに使っていただいた日本フィナンシャルセキュリティーズの東浦室長、野呂次長。マネックス証券の佐藤執行役員、トレードステーション推進部の山田室長、今井さん、田中さん。キャピタル・エフの児島さん、プレミア証券の三日市社長、ラジオＮＩＫＫＥＩの間宮副部長、坂巻ディレクター、和島解説委員、内田アナウンサー、叶内アナウンサー、活動するにあたってさまざまな方をご紹介いただいた河野さん。みなさんの支えがあっていまの活動ができています。

また、個人投資家に正しい知識、トレード手法を伝える道を一緒に歩んでくれているYEN蔵さん、まことんさん、星野彩季さん、パンローリングの長沢さん、金子さん。DUKE。さんをはじめ、個人投資家のみなさん。トレードスクール受講生のみなさん。そして、この本の制作にご協力いただいたライターの鈴木さん、東洋経済新報社のみなさん。心から感謝しています。

そして、愛する妻、ゆきちゃん。私のわがままに耐え、子供たちを守り育ててくれてありがとう。あなたの支えなしでは、とうていいまの活動やこの本は実現しなかったでしょう。

最後まで本書を読んでいただいたあなた、本当にありがとうございます。

専業のデイトレーダーとして、または普段は仕事をされている兼業投資家として、あなたが板読みの技術で勝率を高め、利益を増やすことを願っています。

２０１７年６月

坂本慎太郎（Ｂコミ）

【著者紹介】
坂本慎太郎（さかもと　しんたろう）
大学卒業後、メーカー勤務を経て、日系の証券会社でディーラーとして活躍。その後、大手生命保険会社に転職し、株式、債券のファンドマネジャー、株式のストラテジストを経験。2015年に中級者向けのトレード指導を行うこころトレード研究所を、2016年にパンローリング社で「株のデイトレ・スイングトレード通信スクール」を運営する株式会社イタヨミを設立。ディーラーとして短期、機関投資家として中長期とあらゆる取引スパンを経験し、売買の裏側まで網羅していることが強み。現在のトレードスタイルは、日本株を中心に短期は板読みに、中長期は世界情勢、需給、業績などに重きを置いた運用を行っている。また、現場経験で積み上げた投資スキルを個人投資家に還元するため、ラジオNIKKEIや日経CNBCなどの投資番組へのレギュラー出演、講演やセミナーなどを行い、人気を博している。ハンドルネームはBコミ。

朝9時10分までにしっかり儲ける板読み投資術

2017年7月27日　第1刷発行
2024年9月16日　第9刷発行

著　者――坂本慎太郎
発行者――田北浩章
発行所――東洋経済新報社
〒103-8345　東京都中央区日本橋本石町 1-2-1
電話＝東洋経済コールセンター　03(6386)1040
https://toyokeizai.net/

装　丁…………萩原弦一郎・藤塚尚子（デジカル）
ＤＴＰ…………望月　義（ZERO）
編集協力………鈴木雅光（JOYnt）
印　刷…………港北メディアサービス
製　本…………積信堂
編集担当………水野一誠
　Printed in Japan　ISBN 978-4-492-73343-1